本书由"中共广东省委党校（广东行政学院）高质量发展创新工程科研智库创新项目"资助

证券交易所年报问询与上市
公司年报文本信息披露研究

张艺琼 ◇著

Research on Inquiries About Annual Reports of
Stock Exchanges and Text Information Disclosure of
ANNUAL REPORTS OF
LISTED COMPANIES

中国财经出版传媒集团
经济科学出版社
Economic Science Press
·北京·

图书在版编目（CIP）数据

证券交易所年报问询与上市公司年报文本信息披露研究／张艺琼著. -- 北京：经济科学出版社，2024.7.

ISBN 978 - 7 - 5218 - 6188 - 4

Ⅰ. F832.5；F279.246

中国国家版本馆 CIP 数据核字第 202499EK92 号

责任编辑：刘　莎
责任校对：易　超
责任印制：邱　天

证券交易所年报问询与上市公司年报文本信息披露研究
ZHENGQUAN JIAOYISUO NIANBAO WENXUN
YU SHANGSHI GONGSI NIANBAO WENBEN XINXI PILU YANJIU
张艺琼　著
经济科学出版社出版、发行　新华书店经销
社址：北京市海淀区阜成路甲 28 号　邮编：100142
总编部电话：010 - 88191217　发行部电话：010 - 88191522
网址：www. esp. com. cn
电子邮箱：esp@ esp. com. cn
天猫网店：经济科学出版社旗舰店
网址：http://jjkxcbs. tmall. com
固安华明印业有限公司印装
710 × 1000　16 开　13.5 印张　230000 字
2024 年 7 月第 1 版　2024 年 7 月第 1 次印刷
ISBN 978 - 7 - 5218 - 6188 - 4　定价：66.00 元

前 言

　　注册制改革在中国资本市场历史上具有重要的里程碑意义，其本质是把选择权交给市场，充分发挥市场在资源配置中的决定性作用，提升资本市场的包容性和其服务实体经济的能力。在此背景下，上市公司信息披露质量面临更高的要求，也正式开启了我国证券市场监管模式向"以信息披露为中心"的重要转型，提高上市公司信息披露质量成为证券监管的工作重心与核心。自 2019 年上海证券交易所设立科创板并试行注册制以来，沪硅产业、百奥泰、君实生物等诸多非营利公司成功上市的案例屡见不鲜，龙腾光电、路德环境和瑞晟智能等新上市的公司在报告期间相继业绩大幅下滑，在这一系列亏损上市和业绩下滑事件中，值得深思的是当前对于公司上市标准和价值的评判由盈利能力等传统财务数字信息逐步转向公司未来前景、商业模式和品牌价值等非财务数字信息。2020 年颁布实施的新《证券法》明确提出"简明清晰，通俗易懂"的信息披露要求，对上市公司信息披露中叙述性文本信息的要求和规范上升至法律层面。这些现象和变化说明，相较于传统的财务数字信息，上市公司非数字的、定性的文本信息开始不断受到重视。由于年度报告是公司对外传递信息的主要载体，其在信息披露中占据核心地位，因而，年报中文本信息披露的真实性、准确性和完整性逐步引起资本市场参与者的广泛关注，同时也成为当前学术界一个新的焦点问题。

　　与数字信息相比，文本信息表达方式灵活且语义内涵丰富，通常难以明确规范，因而表面上符合披露要求的年报文本信息可能存在实质上的不符合，年报文本信息披露往往处于行政监管的灰色地带。能否以及如何在真正意义上促进上市公司年报文本信息披露、保证其实质上符合信息披露的基本原则要求，成为当前证券市场监管所面临的一项重要议题和挑战。在当前证券市场监管转型背景下，证券交易所年报问询作为公司治理的一种重要的外部治理方式，是实现年报日常事后监管、充分发挥交易所一线监管职能的创新性举措。基于此，本书立足于上市公司信息披露基本原则的整体框架，从证券交易所年报问询这一公司外部治理视角，针对上市公司年报文本信息披露这一热点问题，选取 2015～2018 年我国沪深 A 股上市公司为研究样本，利用 Python 自然语言处理技术批量获取并深入挖掘交易所年报问询函与上市公司年报文本信息，从年报语调操纵、年报可读性和年报文本信息含量三个层面多维度、系统性地详细探究了证券交易所年报问询对上市公司年报文本信息披露的影响，并揭示其影响机制和渠道，以期为完善交易所问询监管思路、优化上市公司文本信息披露制度规范、提高上市公司文本信息披露质量提供有价值的借鉴参考。

本书共分为 7 章：前 3 章作为本书的基础，为后续开展理论和实证研究提供事实和理论支撑。其中，第 1 章重点阐明选择证券交易所年报问询对上市公司年报文本信息披露的影响作为研究问题的现实背景与价值意义，以及本书研究的主要特色和创新。第 2 章对相关理论文献作了回顾，主要从证券交易所问询监管、上市公司文本信息披露以及二者的影响关系三方面作了详细文献整理，现有文献为本书研究提供了重要参考，同时也反映出现阶段研究仍有进一步延伸的空间，为本书研究找到了突破口。第 3 章梳理了制度背景，归纳了我国证券交易所问询监管的特征、我国证券市场监管体系构成、信息披露监管思路的演化趋势以及交易所问询制度的发展状况。通过分析可知，自交易所公开披露问询函件以来，我国证券交易所问询函数量及被问询的上市公司占比逐步递增，问询监管力度和监管范围正逐步加大和扩大。这些背景和特征分析成为后文理论分析和实证检验的主要现实依据。此外，第 3 章还基于委托代理理论、信息不对称理论和印象管理理论，厘清证券交易所年报问询与上市公司年报文本信息披露两者之间的逻辑关系，并剖析证券交易所年报问询对上市公司年报文本信息披露的机理,为后续实证检验作了逻辑铺垫。

第4章至第6章基于信息披露真实性、准确性和完整性的基本原则,挖掘上市公司年报文本特点,从不同维度实证检验并揭示证券交易所年报问询对上市公司年报文本信息披露的影响。年报文本语调表现了管理层信息披露的情绪取向,文本语调操纵程度能够反映信息披露的真实程度。因此,第4章基于信息披露真实性基本原则,重点针对年报文本语调,实证检验了证券交易所年报问询对年报语调操纵的影响及影响机制。年报可读性代表了年报文本信息披露是否简洁易懂、清晰准确,第5章基于信息披露准确性基本原则,实证检验了证券交易所年报问询对年报可读性的影响及影响机制。年报信息含量可以反映年报文本信息披露是否在真正意义上完整,即是否包含有价值的信息,第6章基于信息披露完整性基本原则,实证检验了证券交易所年报问询对年报信息含量的影响及影响机制。

基于第4章至第6章的实证检验,本书第7章最终得到以下主要研究结论:

第一,证券交易所年报问询能有效发挥其对公司的外部治理作用,显著促进上市公司年报文本信息披露,切实督促上市公司将信息披露基本原则落到实处。具体为:证券交易所年报问询显著降低了年报语调操纵,保证了年报文本信息披露的"真实性"。证券交易所年报问询显著提高了上市公司年报的可读性,保证了年报文本信息披露的"准确性"。无论是纵向维度还是横向维度,证券交易所年报问询均能显著提高年报文本信息含量,促使年报文本信息披露在实质上具备"完整性"。此外,证券交易所年报问询程度越高,其越能充分发挥对管理层年报文本信息披露机会主义行为的约束和治理作用,即越能显著促进上市公司年报文本信息的披露。

第二,年报数字信息与年报文本信息之间具有关联性,除了直接促进上市公司年报文本信息披露外,证券交易所年报问询还能通过约束年报数字信息操纵进而间接促进公司年报文本信息披露。具体为:证券交易所年报问询能有效降低公司操纵性应计利润进而降低异常乐观语调、增加年报可读性和年报文本特质性信息。相对于间接影响，直接影响占主导，即证券交易所年报问询更多地会直接促进年报文本信息披露。此外，通过影响机制研究还发现上市公司年报文本相似度降低可能并非真正代表年报信息含量提高，当前学术界广泛采用年报文本相似度来衡量年报文本信息含量的方式可能不完美。

第三，在不同治理环境和内外部治理机制下，证券交易所年报问询对上市公司年报文本信息含量的促进作用存在明显的差异性。具体为：非国有企业和内部控制质量低的上市公司，证券交易所年报问询对其年报语调操纵的抑制作用更为明显；当市场化进程高、媒体报道数量多时，证券交易所年报问询对上市公司年报可读性的提高作用会更明显；较高的市场竞争程度下，管理层会提供更多与其他公司不同的特质性信息，提高横向维度的年报文本信息含量；而对于纵向年报文本信息含量即年报文本相似度来说，市场竞争程度较低时，证券交易所年报问询的影响反而更明显；媒体报道数量多时，证券交易所年报问询对上市公司年报文本信息含量的促进作用更为明显。

根据上述研究结论，本书第7章进一步提出相关政策建议。首先，应完善交易所问询监管机制。如明确构建触发问询监管的标准，为上市公司回复函设立具体的评价体系；针对未符合标准的回复行为建立相应的惩罚措施；增加问询监管的反馈与评级制度，提高被问询公司的积极性和参与度；引入市场机制，鼓励投资者、媒体舆论等相关方参与，加强市场机制与问询监管机制的协同等。其次，加强上市公司文本信息披露制度规范。如参照西方国家经验，证券监管机构可出台可操作性更强、更具体细化的通用披露制度和标准，规范上市公司披露的所有文本信息；明确建立文本信息操纵的违规处罚机制，如给予特殊提醒、限制证券交易等方式，提升证券监管机构对上市公司文本信息披露的约束力等。最后，敦促上市公司积极履行文本信息披露责任。如管理层应避免有意调整文本语调、发布异常乐观的文本信息，减少年报文本信息披露虚假或有偏；文本信息应尽量使用简明扼要、短小精悍的简单句表达，保证文本信息的可读性和准确性；减少隐匿信息行为，避免重复性的冗余信息披露，保证文本信息在实质上具备有用的信息含量。

本书关于证券交易所年报问询监管与上市公司年报文本信息披露的研究具有一定的理论意义和现实价值。但本书针对该问题的研究还很浅薄，也存在一定的局限性，很多涉及的问题有待进一步深入研究和完善，如后续可能要提升研究方法的精确度；同时聚焦年报语调操纵、年报可读性和年报文本信息含量之间的联动关系，更为深入地研究剖析上市公司管理层年报文本信息的披露行为。笔者水平有限，如有不妥，恳请学界各位同仁批评指正。

张艺琼

2024 年 7 月

目 录

第1章

绪　论

1.1　研究背景与研究意义

1.1.1　研究背景

上市公司信息披露是保证信息公开透明、维护资本市场有效健康运行的根本所在，对于缓解信息的不对称、实现信息分享平等和提高资源配置效率具有重要意义。十八届三中全会通过的《中共中央关于全面深化改革若干重大问题的决定》明确提出"让市场在资源配置中起决定性作用"后，2019年上海证券交易所设立科创板并试点注册制，其核心是以信息披露为中心，要求证券发行人真实、准确、完整地披露信息；同时，以投资者需求为导向着重强调披露信息的决策有用性和价值相关性，让投资者可以获得必要的信息，以此对证券价值作出自主判断并决定是否投资，证券监管机构对证券的价值好坏、价格高低不作实质性判断，最大程度地促使市场机制的充分发挥。在资本市场中，有效的信息披露是市场机制充分发挥的必要条件和基础保障，注册制改革正式开启了我国证券市场监管模式向"以信息披露为中心"的重要转型，使得提高上市公司信息披露质量逐步成为证券监管的工作重心与核心。在总结历次证券监管改革经验的基础上，2020 年颁布实施的新《证券法》设置专章规定信息披露制度，进一步强化了信息披露要求，在法律层面将信息披露提升至前所未有的高度。

随着我国资本市场的日渐成熟，评判上市公司对股东受托责任的履行状况以及其能否持续生存并为股东创造最大价值，除了依据公司盈利能力、业绩状况等财务数字信息外，也很大程度上取决于公司经营模式、风险管理、人才储备、未来战略等方面的信息（黄世忠，2018）。公司经营模式等类似的非财务数字信息难以准确确认、计量并列报于财务报表中，其更多的是通过年报中叙述性的文本信息进行反映，这些文本信息是投资者准确评估公司价值、判断公司持续经营能力的重要依据。尤其自注册制试点以来，沪硅产业、君实生物及天智航等一系列亏损公司成功上市，而其中最为突出和具有代表性的是沪硅产业，其作为首个亏损上市的公司，股票市值目前已突破 600 亿元，且名列科创板上市公司股票市值前十，同样君实生物等亏损公司也有较高的股票市值。这些案例都进一步佐证了投资者在对公司估值时参考了大量的非财务数字信息即文本信息，文本信息的决策相关性和地位日益凸显。上市公司的年度报告在信息披露中占据核心地位，是传递公司信息的重要载体，年度报告中的文本信息不仅能独立传递年报数字信息所不能表达的信息，而且还能有效补充和解释年报数字信息。缺乏专业性的大部分中小投资者对财务数字信息的理解存在困难，因而，年报文本信息直接关系到广大投资者对年报信息的整体解读和认知。此外，相较年报数字信息，管理层对年报文本信息具有较强的自由裁量权，文本信息普遍成为管理层进行自利的有效方式和重要手段。如在面对公司业绩下滑时，管理层会刻意描述外部因素的负面作用，而较少谈及引起业绩下滑的自身原因，这种策略性披露有悖于信息披露的基本原则，不利于投资者掌握公司的实际情况。证券市场监管作为上市公司外部治理机制的核心，是督促上市公司年报文本信息披露、保证其在实质上符合信息披露基本原则要求的一种必要的监管力量，对于保护投资者、增加资本市场透明度尤为重要。

证券市场监管体系中证券交易所处于前哨地位，是维护上市公司信息有效披露的第一道保障。作为市场自律监管主体，证券交易所具备天然的一线监管优势，对于信息披露违规等行为的监管更具及时性和灵活性，尤其可将触角延伸至监管红线之下的灰色地带，有效补充了政府监管的不足。随着"放松管制、加强监管"这一监管理念的贯彻推进，近年来我国证券交易所一线监管的主体地位得到明显提升。《国务院关于进一步促进资本市场健康发展的若干意见》（简称"新国九条"）明确提出："强化证券交易所市场的主导地位，充分发挥证券交易所的自律监管职能。"此外，新修订实施的《证券交易所管理办法》不仅明确规定证券交易所可以对违规行为采取"自律监管措施或者纪律处分"，突出了证券交易所的处罚权限；也进一步明确证券交易所具有审核、安排证券上市交易等责任和权利，扩大了证券交易所的职责范围。这些均为证券交易所问询监管提供了坚实的制度保障和打下监管基础，这使得证券交易所问询具备一定的威慑力。

在监管转型背景下，2013 年沪深两交易所同时推行信息披露直通车制度改革，要求上市公司直接披露公告，交易所不再为上市公司信息披露背书，而是集中整合监管资源，将工作重心由原来的事前审核转为对违规行为的事后监管。问询制度则是证券交易所实施事后监管、发挥一线监管职能的代表性举措。针对上市公司年报事后审核，证券交易所高度关注年报信息披露的真实、准确和完整，对信息披露存疑的问题有针对性地发放年报问询函，并要求公司在规定时间内予以回复，有时还会要求事务所等中介机构发表专业审核意见，通过"刨根问底""抽丝剥茧"式的层层问询，督促上市公司及时更正错误、补充披露更多的事实和有效信息，直至促使被问询公司充分披露年报信息。自 2015 年开始，沪深两证券交易所才逐步对外公开问询函，接受社会公众的监督，最大程度上增加了交易所监管的效力和影响力。此后，证券交易所年报问询函数量逐年递增，问询内容和范围逐步扩大。截至 2019 年底，沪深两交易所针对年报信息披露公开的问询函累计达到 1 741 封，且被问询公司的数量占比由 2015 年的 6.22% 增加至 2019 年的 29.81%，证券交易所年报问询已然成为年报信息披露日常监管的重要手段。

年报文本信息具有表达方式的灵活性和语义内涵的丰富性，通常难以十分具体和明确地规范，由此导致表面上符合披露要求的文本信息可能在实质性上并不符合要求，年报文本信息披露往往处于行政监管的盲区。那么作为政府监管机构实现证券监管的有益补充和一种重要的公司外部治理方式，证券交易所年报问询能否及时、有效地遏制年报文本信息披露的机会主义行为，充分发挥其一线监管和对公司外部治理作用？能否保证年报文本信息披露在实质上具备真实性、准确性和完整性，督促上市公司将信息披露基本原则真正落到实处？倘若证券交易所年报问询能够有效促进年报文本信息披露，那么，其中的机制和渠道是什么？以上是本书的核心研究问题，有必要进行深入的系统性探讨。

1.1.2 研究意义

（1）理论意义

第一，丰富了传统的文本信息披露研究手段。以往有关文本信息披露的研究大多利用人工阅读文本并赋值打分量化的内容分析法，主观性强且样本量具有限制。本书基于 Python 自然语言处理技术，实现批量获取并深入挖掘上市公司年报文本信息内涵，利用大数据分析年报文本信息披露的相关问题，增加了研究的高效性和科学性，丰富了传统的文本信息披露研究手段。

第二，拓展了年报文本信息披露的研究外延。年报语调操纵、年报可读性和年报文本信息含量是上市公司管理层实施策略性文本信息披露的主要方式和手段，本书基于信息披露基本原则框架，将年报语调操纵、年报可读性和年报文本信息含量纳入统一的分析框架，从多维视角系统性地综合分析年报文本信息披露问题，扩展了当前年报文本信息披露研究视野。同时，从证券交易所年报问询这一公司外部治理手段出发，探讨其对年报文本信息披露的影响，进一步拓宽了年报文本信息披露制约因素的研究内容，为年报文本信息披露研究提供了新的研究方向。

第三，弥补了证券交易所年报问询在公司治理方面研究的不足。我国有关证券交易所问询的研究整体不多①，尚具有较大的研究空间。而现有的关于证券交易所年报问询的研究多集中于讨论其带来的市场反应、溢出效应及对公司会计信息质量的改善作用等方面，尚未有研究基于年报文本信息披露视角从多维度、全面地讨论其对公司的治理效应。本研究则弥补了现有研究不足，为证券交易所年报问询在公司治理方面的研究提供了增量证据和理论支撑。

第四，从数字信息披露视角探讨证券交易所年报问询影响上市公司年报文本信息披露的内在机制，揭开了交易所年报问询影响公司年报文本信息披露的"黑箱"。现有研究集中于关注年报数字信息与年报文本信息之间的直接关系，未有研究将年报数字信息披露作为机制路径，深入探讨证券交易所年报问询对上市公司年报文本信息的影响。本书通过影响机制分析，不仅进一步佐证了年报数字信息披露与文本信息披露之间的联动关系，更揭开了交易所年报问询影响公司年报文本信息披露的内在机理。

（2）现实意义

第一，为完善证券交易所问询监管思路提供指导。证券交易所问询是一种非处罚性和预防性的事后监管制度，逐渐成为当前证券交易所重要的日常监管手段。就信息披露中的潜在问题，通过与上市公司形成一轮甚至多轮的

---

① 国内有关证券交易所问询的研究自 2017 年开始逐步兴起，以"问询"为关键词，通过中国知网检索 CSSCI 来源期刊，截至目前，相关研究文献数量不超过 50 篇，其中针对年报问询的研究则更少。

问答互动，揭露公司更多的事实真相，保证信息披露的真实可靠，提高资本市场整体信息含量。作为证券监管体系中的首道防线，证券交易所问询具有较强的及时性和介入性，对充分维护上市公司信息披露有效性具有重要的作用。通过深入分析证券交易所年报问询监管对上市公司年报文本信息披露的影响，在一定程度上指明了当前交易所年报问询在公司年报文本信息披露方面的积极作用，同时发现我国问询监管实践中的不足，比如当前沪深两交易所并未具有统一的问询标准，导致同一行业的不同上市公司的问询力度具有差异等，为进一步完善我国证券交易所问询监管思路提供了指导，具有较强的现实意义。

第二，为优化上市公司文本信息披露制度规范提供参考借鉴。当前，我国信息披露的真实性和透明度依然存在诸多问题，尤其我国上市公司文本信息披露大部分仍处于监管的灰色地带，文本信息为公司管理层机会主义行为提供了较大空间。如何提升文本信息的披露监管，遏制公司文本信息披露乱象成为我国文本信息披露制度建设的较大挑战。因此，从公司外部治理视角，讨论证券交易所年报问询对年报文本信息披露的影响及机制路径，可以综合全面地衡量判断证券交易所年报问询监管的公司治理效果，还能由此发现当前公司年报文本信息披露制度缺陷，为进一步优化上市公司文本信息披露制度规范提供参考借鉴。

第三，为提高上市公司文本信息披露提供启示。随着我国资本市场的快速发展，对于上市公司的受托责任履行状况的评价标准，投资者除了依赖于公司盈余状况、盈利能力等数字指标外，对公司研发、平台价值、模式创新、品牌优势、人才储备等诸多软性指标的参考程度日益提高。而公司文本信息披露直接关系到投资者对这些软性指标的认知，关乎投资者对公司的整体判断情况，对上市公司具有重要意义。本书从证券交易所年报问询监管视角，探讨其对上市公司年报文本信息披露，为上市公司更好地了解证券交易所重点关注的内容，为减少管理层文本信息策略性披露、积极履行文本信息披露责任和提升公司自身治理水平、降低被监管风险提供了参考借鉴，从而为提高上市公司文本信息披露提供启示。

1.2　研究思路与研究方法

1.2.1　研究思路

本书基于上市公司信息披露基本原则的整体框架，以公司年报文本信息披露的价值意义为逻辑起点，从当前证券市场监管体制改革和证券交易所一线监管方式创新的现实背景出发，遵循"提出问题—理论剖析—实证检验—对策建议"的研究逻辑链条，全面地、系统性地探讨与分析证券交易所年报问询对上市公司年报文本信息披露的影响。具体研究思路表现为：

首先，基于上述研究背景，提出本书的核心研究问题，即针对备受关注的上市公司年报文本信息披露，证券交易所年报问询能否充分发挥其预防性监管作用？其中的影响机制是什么？其次，为了寻找上述问题的合理答案，本书从制度背景和实践现状出发，通过重点梳理相关理论和研究文献，深入剖析证券交易所年报问询直接影响上市公司年报文本信息披露的机理；同时，考虑年报中数字信息和文本信息的关联性，将数字信息披露纳入分析框架，作间接影响的机理剖析，并由此构建理论框架。再次，基于理论分析，进一步通过多种实证方法，从年报语调操纵、年报可读性和年报文本信息含量三个维度系统性地检验了证券交易所年报问询能否促进上市公司年报文本信息披露，使其真正满足上市公司信息披露真实性、准确性和完整性的基本原则，同时进一步检验其影响机制与路径。最后，依据理论分析和实证研究的结论，提出相关政策和建议，为提升上市公司年报文本信息披露、优化和完善证券交易所信息披露监管机制、促进年报使用者有效解读上市公司年报文本信息提供有价值的参考和借鉴（见图 1.1）。

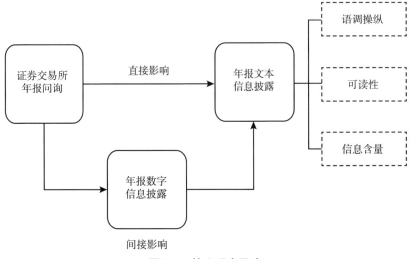

图 1.1 核心研究思路

1.2.2 研究方法

本书总体采用规范研究和实证研究相结合的方法，通过在对现有研究文献梳理评述以及对企业理论和信息经济学理论总结归纳的规范研究基础上，进一步利用多种统计检验方法，基于证券交易所年报问询函、沪深 A 股上市公司年报文本信息及各项财务数据展开实证研究。本书重点采用的研究方法具体如下：

（1）文献分析法。文献分析是开展后续理论研究的基础，本书通过对证券市场监管、证券交易所问询以及上市公司文本信息披露的国内外相关研究文献系统性查阅，在全面梳理现有研究文献的基础上，厘清现有研究脉络，掌握相关研究的最新进展和方向，更为清晰和准确地认识证券交易所问询监管和上市公司年报文本信息披露；同时，寻找当前研究的局限和不足，进一步说明本研究的重要性和价值意义。

（2）归纳演绎法。归纳演绎是科学研究的重要逻辑思维方法，在文献研究的基础上，本书详细梳理我国证券市场问询函监管和上市公司信息披露的制度背景与现状，结合委托代理理论、信息不对称理论和印象管理理论，通过逻辑演绎与归纳总结分析上市公司年报文本信息披露的动机和问题，并进一步剖析证券交易所年报问询对上市公司年报文本信息披露的影响及内在影响机制，由此构建富有逻辑的理论框架并提出理论研究假设。

（3）统计与计量分析法。统计与计量分析是通过一系列经济统计和计量手段，从数据视角对前述理论模型和研究假设作验证和解释的过程。本书以我国沪深 A 股上市公司为研究样本，使用 Stata 计量软件和 Python 自然语言处理技术实现交易所年报问询与上市公司年报文本信息的量化与分析，同时综合运用多种统计和计量方法，主要包括：描述性统计分析，即以图表形式描述并分析样本主要变量指标的分布状况，以判断各变量特征和代表性；组间差异检验，即在不考虑其他影响因素的基础上，初步证明年报问询与年报文本信息披露之间的关系；OLS 多元线性回归，即控制公司特征、公司治理及公司财务等其他影响因素，检验交易所年报问询对上市公司年报文本信息披露的影响及影响机制。倾向得分匹配（PSM）法以及工具变量法，即通过配对寻找与收到年报问询函最为相似的对照组样本、寻找并在回归时控制合理的工具变量，以缓解内生性问题；安慰剂检验，即通过将解释变量随机赋值，重新进行多元回归，验证主要研究结论的稳健性和可靠性。

1.3　研究内容与技术路线

1.3.1　研究内容

基于上述研究思路，本书围绕上市公司年报文本信息披露这一焦点问题，以证券交易所年报问询为切入点，深入讨论证券交易所年报问询对上市公司年报文本信息披露的影响及影响机制，主要内容包括三方面：

一是我国证券交易所问询监管和上市公司信息披露制度的整体发展及现状。重点包括：我国证券市场监管体系的构成和监管思路的演化，我国上市公司信息披露相关法律法规和部门规章的发展脉络与现状，我国证券交易所问询函的主要类型及发布数量的统计学特征，沪深两交易所问询函的差异情况，年报问询函的行业分布、数量及具体特点的统计分析和总体现状。

二是证券交易所年报问询对上市公司年报文本信息披露的影响及影响机制。具体包括：证券交易所年报问询直接影响上市公司年报文本信息披露的理论原理，证券交易所年报问询如何通过影响年报数字信息披露进而间接影响年报文本信息披露的理论原理，证券交易所年报问询影响上市公司年报文本信息披露理论研究框架的构建，基于 OLS 回归模型、PSM、工具变量等多种分析方法对证券交易所年报问询影响上市公司年报文本信息披露进行实证检验，利用中介效应的检验方法分析影响机制和路径，对比直接影响和间接影响的主导性差别。

三是在不同公司治理环境和内外部治理机制下，证券交易所年报问询影响上市公司年报文本信息披露的差异性。主要包括：从公司内部治理机制视角，在不同产权性质和内部控制质量下，探讨证券交易所年报问询对上市公司年报语调操纵影响的差异，从外部治理环境和治理机制角度，在不同市场化进程和媒体报道数量下，探讨证券交易所年报问询对年报可读性影响的差异，从媒体报道数量和市场竞争程度两方面，分析证券交易所年报问询对上市公司文本信息含量影响的差异。

根据主要研究内容，本书具体章节安排如下：

第 1 章是绪论。主要介绍本书的研究背景与研究意义，综合梳理本书的研究思路与研究方法以及具体研究内容安排和论文技术路线，指出本研究的主要特色与创新之处。

第 2 章是文献回顾。首先，对证券交易所年报问询和上市公司年报文本信息披露这两个核心概念予以明确清晰的界定。其次，着重整理归纳和分析证券交易所问询、上市公司文本信息披露以及证券交易所问询影响上市公司文本信息披露的国内外相关研究文献。最后，对上述研究文献作统一归纳、总结与评述，以了解当前最新研究现状并发现尚存的研究空间和方向，为后文研究奠定扎实的文献基础。

第 3 章是制度背景与机理分析。首先，梳理我国证券市场监管与上市公司信息披露制度的历史沿革与现状，详细分析我国证券交易所问询监管的特征，明晰我国证券市场监管体系构成、信息披露监管思路的演化趋势以及交易所问询制度的现实背景和发展状况，为本书后续研究提供制度基础和现实依据。其次，基于委托代理理论、信息不对称理论和印象管理理论进行初步分析，为进一步具体机理分析和构建理论原型提供经典理论支撑。最后，基于制度背景和理论基础，全面、深入地分析证券交易所年报问询对上市公司年报文本信息披露的影响，重点从直接影响和间接影响两个层面作剖析，厘清两者之间的逻辑关系并构建理论框架，为实证检验作逻辑铺垫。

第 4 章是证券交易所年报问询对上市公司年报语调操纵影响的实证分析。上市公司年报语调操纵是反映上市公司年报文本信息披露真实性的重要指标。基于信息披露真实性的基本原则，本章实证检验了证券交易所年报问询对年报语调操纵的影响及影响机制。基于 2015 ~ 2018 年沪深 A 股上市公司样本，利用 Python 语言批量获取上市公司年报与证券交易所年报问询函，并构建年报语调操纵代理变量作实证检验。随后，利用中介效应的检验方法分析了证券交易所年报问询影响上市公司年报语调操纵的机制，并对比分析直接影响和间接影响的主导性地位差异。此外，进一步基于公司产权性质和内部控制质量，探讨了不同内部环境和治理机制下，证券交易所年报问询对上市公司年报语调操纵影响的差异性。

第 5 章是证券交易所年报问询对上市公司年报可读性影响的实证分析。可读性高的年报文本信息披露更为简明易懂、语义准确。基于信息披露准确性基本原则，本章选取年报可读性作为主要研究变量，实证检验了证券交易所年报问询对年报可读性的影响及影响机制。基于 2015 ~ 2018 年沪深 A 股上市公司样本，由 Python 的 pandas 模块提取统计并构建是否收到交易所年报问询函、年报问询各项特征数据以及年报可读性等基础性数据作回归分析检验。同时，基于中介效应的检验方法从数字信息操纵角度，分析了证券交易所年报问询影响上市公司年报可读性的机制和渠道，并对比直接影响和间接影响的主导性地位差别。此外，考虑到在不同外部治理环境和机制下，证券交易所年报问询对上市公司年报可读性的影响作用存在差异，因而，进一步区分市场化进程和媒体报道数量，讨论证券交易所年报问询对年报可读性影响的差异。

第 6 章是证券交易所年报问询对上市公司年报文本信息含量影响的实证分析。年报文本信息在信息披露中的作用日益凸显，而只有其对外传递"有用的、实质性的、有增量价值的信息"才能从真正意义上提高资本市场信息透明度和信息传递效率。同时，年报文本信息含量直接关系到其是否在实质上满足信息披露完整性的基本原则。本章实证检验了证券交易所年报问询对上市公司年报文本信息含量的影响及影响机制。选取 2015～2018 年沪深 A 股上市公司样本，利用 Python 的 sklearn 模块使用文本向量化方法从纵向和横向两个维度构建年报文本相似度和特质性信息研究变量作实证检验。在此基础上，运用中介效应的检验方法分析了证券交易所年报问询影响上市公司年报文本信息含量的作用机制和路径，同时对比分析了直接影响和间接影响的主导性地位差异。此外，基于媒体报道数量和市场竞争程度，分组检验了证券交易所年报问询对上市公司文本信息含量影响的差异。

第 7 章是结论与展望。本章是对前述研究结论的总结，根据研究主要结论提出针对证券交易所问询制度与上市公司文本信息披露的政策建议，指出本书研究的不足和局限，进一步提出后续拓展性研究展望。

1.3.2　技术路线

本书的技术路线如图 1.2 所示。

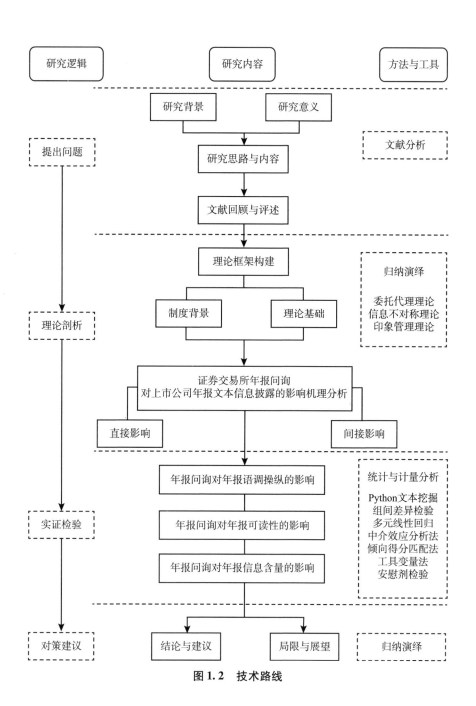

图 1.2 技术路线

1.4　研究的主要特色与创新

本书深入讨论了证券交易所年报问询对上市公司年报文本信息披露的影响及内在的影响机制，研究的主要特色和创新体现为以下四个方面：

第一，本书创新性地基于上市公司信息披露基本原则的整体框架，从多维视角系统性、综合性地全面展开年报文本信息披露问题的研究，拓展了上市公司年报文本信息披露的研究外延。当前，我国学术界关于上市公司信息披露的研究多数是从会计数字信息披露视角出发，重点探究会计数字信息本身的真实性、管理层披露动机或会计数字信息披露的经济后果等，很少基于文本信息视角探讨上市公司信息披露问题。而针对文本信息披露的研究，主要涉及公司社会责任报告、环境信息披露、风险信息披露等特定内容，鲜有文献深入挖掘年报文本信息的综合性披露。此外，随着我国上市公司文本信息研究的逐步兴起，目前对于年报文本信息的研究总体较少，研究视角较为局限和单一，基本是从年报文本信息的某一具体特征（主要包括可读性、复杂性、语调情绪等）来探究其影响因素或经济后果，并未从信息披露的高度和视角作全面的系统性探讨。考虑到年报文本信息在信息披露中的重要性，本书以信息披露基本原则搭建整体研究框架并将其贯穿于全书研究脉络，从多维视角全面、系统地探究年报文本信息披露问题，具有一定的前瞻性。

第二，与现有研究不同，本书选取证券交易所年报问询这一独特的公司外部治理方式，深入分析其对上市公司年报文本信息披露的影响，既弥补了上市公司年报文本信息披露制约因素的研究不足，又丰富了证券交易所年报问询对公司治理效应的研究成果。年报文本信息披露是公司管理层行使其年报文字自由裁量权的重要方式，具有很强的灵活性，在很大程度上反映了管理层的主观意图，致使当前文献多从公司内部治理视角寻找公司年报文本信息披露的影响因素或动机，针对公司外部治理视角讨论公司文本信息披露制约因素的研究较少。此外，证券市场监管作为公司的核心外部治理机制，现有研究多局限于行政处罚性监管的传统视角探讨其对公司的治理效应，较少涉及证券交易所一线监管视角。证券交易所是维护上市公司有效信息披露的首要防线，交易所问询是公司治理的一种重要外部治理方式，因而本书从证券交易所监管视角，深入分析证券交易所年报问询对上市公司年报文本信息披露的影响，具备一定的新颖性和独特性。

第三，考虑到年报数字信息与年报文本信息之间的关联性，本书将年报数字信息披露纳入研究体系，构建"证券交易所年报问询—年报数字信息披露—年报文本信息披露"的影响机制模型，为相关研究提供了一个更为缜密、完整的逻辑链条和新的经验参考。现有研究主要集中于论证上市公司年报文本信息与数字信息之间的关系，包括数字信息操控与文本信息策略性披露之间的关联，而未有研究基于证券交易所年报问询监管，将数字信息披露作为影响机制和传导路径进行讨论。本书建立该影响机制模型，有助于更为深入地理解数字信息披露与文本信息披露之间的联动关系，揭示证券交易所年报问询影响上市公司年报文本信息披露的具体渠道，为类似研究提供了新的思路。

第四，依据计算机自然语言处理技术，将大数据综合应用于年报文本信息披露研究中，扩展了传统的文本信息披露研究手段，且与小样本研究相比，本书基于大样本分析，提高了研究结论的可靠性和说服力。由于技术限制，以往大部分有关文本信息披露的研究多为通过人工阅读文本进行赋值打分构建信息披露主要研究变量并以此作后续研究，其具有较强的主观性且研究样本具有局限性。本书利用 Python 自然语言批量获取证券交易所年报问询函和上市公司年报，通过调用 Python 中诸多功能模块实现的文本数据挖掘，进行各项文本信息特征的量化并构建变量，相对于传统的研究技术和手段，具备较强的前沿性。尤其针对本书第六章年报文本信息含量的度量，创新性地运用 Python 中 sklearn 模块构建样本公司年报的特征集并实现文本向量化，从纵向和横向两个维度同时构建年报文本信息含量的测度变量，进一步完善和丰富了年报文本信息含量的评价和测度体系。

第2章

文 献 回 顾

本章在明确本研究核心概念的同时，围绕证券交易所问询与上市公司文本信息披露的相关研究文献进行梳理、归纳与评述，旨在理清现有研究脉络，寻求新的研究方向与空间。在此基础上，进一步明确本书研究视角与逻辑思路，为后续理论分析与实证检验提供文献参考与借鉴。

2.1 核心概念界定

本节就本书所涉及的核心概念以及本书的研究范畴进行界定，本研究主要涉及的核心概念有：证券交易所年报问询和上市公司年报文本信息披露，现逐一进行界定。

2.1.1 证券交易所年报问询

"问询"即询问，是我国证券交易所具有代表性的非行政处罚性监管措施之一（陈运森等，2018a），亦有学者将其定义为"预防性监管"（张俊生等，2018）。证券交易所在审核上市公司相关公告的过程中，以发送问询函的方式，对其所质疑的、尚未达到直接处罚标准的潜在违规问题（通常为信息披露不充分、不准确等）作详细询问，并要求上市公司在指定期限内予以回函（一般表现为对被问询事项的解释说明、补充披露信息或直接更正错误）。在一些情况下，证券交易所会同时要求与上市公司相关的中介机构（如律师事务所、会计师事务所、资产评估公司或保荐机构等）、董事会或独立董事对问询事项发表专业核查意见。

证券交易所问询①广泛涉及上市公司临时或定期公告、公司关联交易或并购重组等重大事项、公司异常股价、媒体或投资者关注的热点事件等诸方面内容，基于不同问询内容，目前上海证券交易所问询的主要函件类型表现："问询函"和"意见函"（重大资产重组预案审核意见函、定期报告事后审核意见函）；深圳证券交易所问询的代表性函件类型主要包括："问询函"（半年报问询函、第三季报审查问询函、年报问询函、许可类重组问询函、非许可类重组问询函、问询函）和"关注函"。

综合上述交易所问询的具体过程与特点，本书的证券交易所年报问询，即指我国证券交易所以上市公司信息披露为监管核心及目的，针对上市公司年度报告中（简称"年报"）的会计处理、生产经营、业绩风险及公司治理等各项突出问题，以传送问询函件的形式与上市公司形成一轮甚至多轮次询问与回复互动，保证上市公司年报信息披露真实、可理解以及充分的一种重要的监管措施与手段。

2.1.2 上市公司年报文本信息披露

要清晰界定上市公司年报文本信息披露，应当从会计文本、文本信息与信息披露三个概念逐层进行解析和界定。

---

① 注册制改革后，上交所和深交所分别对科创板和创业板申请 IPO 的企业也采取发放问询函的方式进行审核。本书关注的是交易所对上市公司的问询，不涉及 IPO 问询，两类问询函的发放部门并不相同，前者是由交易所对应板块的公司监管部（管理部）发放，后者由上市审核中心发放。

（1）会计文本

"信息系统论"认为，会计的本质是一个经济信息系统，其主要目的是反映公司受托责任的履行情况并向资本市场提供以财务信息为主的经济信息。而会计文本则是公司传递具有会计相关性信息的重要载体和媒介，较为常见的会计文本通常包括公司季报与年报、管理层业绩预告、公司招股说明书、各类临时公告、公司电话会议纪要等。肖浩等（2016）认为当前会计学术研究领域中涵盖的会计文本范围广泛，不仅包括以公司为主体披露的会计文本（狭义），还应当囊括非公司本身但与公司相关的主体披露的会计文本（广义）。卡尼和刘（Kearney & Liu，2014）的研究也得出类似的关于会计文本的界定与分类。

因此，综合来说，会计文本可以概括为两大类：以公司为主体披露的狭义会计文本和其他机构披露的与公司相关的广义会计文本。狭义会计文本即为上述公司定期报告（季报、半年报及年报）、各类临时报告、管理层业绩预告、公司招股说明书、上市公告书、公司电话会议纪要等，广义的会计文本具有代表性的主要为证券分析师研究报告、媒体报道、投资者基于网络等渠道发布的评论或观点等。由于年度报告是所有定期报告中较能综合反映公司整个会计期间重要信息的会计文本，具有极强的代表性和重要性，因此，本书涉及的会计文本仅为狭义的由上市公司披露的年度报告。

（2）文本信息

上市公司会计文本对外传递的信息是连接资本市场与上市公司的重要纽带，会计文本中包含的信息基本可分为两类：可以量化的数字信息和难以量化的文本信息。数字信息主要表现为数据化的公司财务信息，能够清晰、明确地反映公司经营结果与财务状况，为信息使用者提供了决策分析的数据基础，而由于会计确认、计量方式等诸多因素的制约，很多信息难以合理地量化而无法通过数字信息表达，因而，文本信息则为完善数字信息提供了有益补充（孟庆斌等，2017）。

所谓文本信息，即以书面语言的表现形式所记载的文字型信息，通常用于上市公司非财务信息的反映以及对公司财务数字信息的解释说明与补充等。相比数据型的数字信息，叙述性的文本信息具有更丰富的内容和更自由灵活的表达方式（贺康等，2020）。年度报告作为上市公司传递信息的主要载体，其中兼具数字信息与文本信息，而文本信息不仅占据大量篇幅，且其通过反映公司风险、资金运用、发展前景、公司环境、重大事项及高管行为与具体情况等诸多关键信息，亦是年报信息使用者关注的焦点。因此，本书着重针对上市公司年度报告中的文本信息作研究与讨论。

（3）上市公司信息披露

上市公司信息披露（information disclosure）即上市公司信息公开或公布，主要是指上市公司通过一定形式的媒介载体，将能够直接或间接影响投资者和社会公众的重要信息公开发布的行为。上市公司信息披露是证券市场发展和信用社会化的必然结果，也是建立公正、公开证券市场的前提之一，更是证券市场健康运行的基础。按约束条件不同，上市公司信息披露可以分为：法律、法规和章程必须要求披露的强制性披露和公司出于某种动机自主选择释放信息的自愿性披露。按披露时点的不同，上市公司信息披露主要包括：发行和上市新股的初次披露（包括招股说明书、上市公告书）和持续披露（包括中报、年报定期报告和重大事项公告、会议决议等临时报告）。

（4）上市公司年报文本信息披露

由于当前年报文本信息披露是一个新兴的研究领域，尚未有十分成熟的概念定义，因此，本书归纳总结并概括现有的研究和与之相关的概念对其进行界定。根据前述相关概念界定，本书研究的上市公司年报文本信息披露定义为：上市公司通过年度报告，将反映公司综合状况的能够影响投资者和社会公众的重要叙述性文字信息公开与公布的行为。

图 2.1 更为直观、清晰地展示和厘清上述各概念的定义及之间的关系。

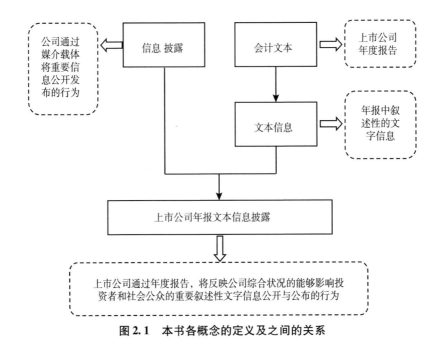

图 2.1　本书各概念的定义及之间的关系

2.2　证券交易所问询的相关文献回顾

近年来，在我国证券市场监管理念不断转变的背景下，证券交易所问询成为我国证券市场信息披露事后监管的创新举措和重要方式。然而，自 2014 年底，我国证券交易所问询函才逐步向社会公开，所以目前针对我国证券交易所问询的相关研究整体较少。而证券市场监管作为公司外部治理机制的核心，是维护证券市场公平秩序、提高证券市场效率和保护投资者的重要保障。鉴于证券市场监管的重要性与必要性，本部分从证券市场监管切入，在回顾国内外证券市场监管效果相关文献的基础上，梳理分析国内外关于证券交易所问询对公司的治理效应相关研究脉络，为后文进一步研究提供文献支撑。

2.2.1 证券市场监管效果文献回顾

（1）证券市场监管的市场反应研究

针对证券市场监管市场反应的研究，国内外现有研究大部分以监管处罚事件作为外部冲击探究其对股票市场影响，普遍认为监管处罚公告具有信息含量，能显著地引发消极市场反应。孟焰等（2008）研究认为财务报告舞弊的上市公司在收到证监会和财政部的处罚公告前后各 3 天中，其股票的 CAR 值即平均累计超额回报率达到 −1.6%，监管处罚对股票市场产生负向冲击。迪等（Dee et al.，2011）考察股票市场对美国上市公司会计监督委员会制裁德勤事务所的反应，结果表明德勤事务所被制裁后，其客户公司窗口期的累计超额回报均显著为负。黄政和吴国萍（2013）运用事件研究的方法分析指出，针对公司信息披露违规，证监会和交易所处罚造成了负向市场反应，民营上市公司的负向市场反应更强烈。吴溪和张俊生（2014）同时考察证监会立案公告和处罚公告，发现与证监会处罚公告 −2% 的市场反应相比，立案公告造成了高达 −6% 的市场反应。阿默尔等（Armour et al.，2017）检验了英国监管当局实施金融监管对受处罚企业市场价格的影响，发现受处罚的公司的股票价格经历了统计上显著的异常下跌，下跌程度大约是公司罚款和赔偿金的 9 倍。而有学者认为证券市场监管会引发正向市场反应，且监管效力不足。伍利娜和高强（2002）发现不同处罚原因带来的市场反应不同，信息披露处罚公告具有显著正向市场反应。王瑞和方先明（2019）指出，证券监管执法与股票异常收益率具有相关性，但监管执法威慑不足等因素导致了证券监管的市场反应有限，监管效果有待提高。

一些研究认为，不同的执法程度和监管方式带来不同的市场反应，陈工孟和高宁（2005）研究认为，公开谴责、警告和罚款的处罚方式均会为股票带来负的超常收益，但公开批评这一方式对市场的影响甚微。邹辉文和黄明星（2010）讨论监管股市的经济、法律、舆论和行政四种手段带来的市场反应。研究发现，四种监管手段均能显著带动股市波动，经济手段表现出最高的监管效率。朱冠东和沈维涛（2011）指出，上市公司违规处罚存在显著的负向效应，警告处罚效力最好，谴责和罚款效力居中，批评的监管效力最差。万明和宋清华（2012）认为，深交所公开谴责公告未能防微杜渐，而上交所公开谴责公告却能发挥有效监管作用。库兹等（Kurz et al.，2014）指出罚款是一种有效的处罚方式，且公共罚款比私人罚款具有更有效的威慑作用，惩罚性罚款比补偿性罚款更有效。王等（Wang et al.，2019）研究发现，监管机构所有处罚形式都对欺诈性公司的股东财富有负面和重大的影响，与非货币处罚相比，货币处罚更为严厉且影响程度更大。

（2）证券市场监管对上市公司的影响效果研究

证券市场监管对上市公司的影响效果，由于涉及公司诸多方面，因而研究结论尚不统一。一些学者研究认为，证券市场监管对上市公司发挥了有效的监管效力，提升上市公司会计信息质量并减低公司违规行为（黎文靖，2007；李俊成，2016；马壮和王云，2019）。有学者从公司治理和社会责任角度认为证券市场监管的有效性。辛清泉等（2013）分析了监管处罚对独立董事个体的影响，研究表明监管处罚机制具有严苛性，监管部门会对独立董事进行追溯处罚，有效约束公司独立董事行为。张等（Zhang et al.，2019）发现，公司财务欺诈受惩罚之后，企业会增加慈善事业发展，且惩罚力度会显著促进公司慈善事业的后续增长，提高社会责任履行。此外，一些研究探讨了监管机构对公司债务融资的影响，刘星和陈西婵（2018）考察了证监会处罚对违规公司非公开市场融资的影响效果，认为证监会处罚后上市公司银行债务融资成本增加，通过影响公司非公开债务资源配置，极大程度减少上市公司机会主义行为。类似地，龚等（Gong et al.，2020）研究发现，证券监管机构对违规上市公司施加处罚增加了公司债务成本，而公司先前的社会责任表现降低了违规处罚对公司债务成本的影响。

与上述研究不同，还有一些学者认为，当前证券市场监管并未充分发挥监管效果，监管机制和监管水平仍需进一步完善和加强。季华等（2010）通过上市公司资产注入与绩效关系的新视角研究证券市场监管效果，发现与监管型资产注入相比，自愿型资产注入对上市公司绩效无显著影响。宋云玲等（2011）研究指出，证券监管处罚不能降低公司后续业绩预告违规概率，监管处罚对于降低业绩预告违规披露的效果并不理想。高利芳和盛明泉（2012）研究发现，公司受罚后反而增加了更为隐蔽的真实盈余管理，说明证监会的监管效力并未有效发挥。张子余和李常安（2015）基于内部控制视角，研究发现被处罚后的上市公司隐性内部控制制度无改善、显性内部控制制度有改善但改善不具有持续性。顾小龙等（2017）从声誉修复方面探究了监管处罚对上市公司投资行为的影响，研究认为，被处罚后的违规公司倾向于进行过度投资，公司投资效率降低。海尔等（Hail et al.，2018）讨论了监管干预措施能否有效防止公司会计舞弊或迅速纠正公司违法行为这一问题，结果发现政府监管与未来公司会计丑闻的发生概率正相关，这表明监管者并未充分发挥作用。朱沛华（2020）发现，监管处罚公告降低了公司融资能力，而对于批评、警告、谴责等其他形式的处罚方式，公司罚款并不会影响融资。证券市场监管的罚款机制仍需改进。

（3）证券市场监管对市场信息中介的影响效果研究

证券市场监管机构对市场信息中介的影响，主要集中于事务所审计监管角度，探讨其对证券经营机构监管的研究很少。黄春铃（2005）发现，证券监管通过影响目标承销商未来的市场份额，给承销商的声誉资本带来了负面影响。而信息传递中证券监管存在缺陷且承销商声誉不被投资者关注，使得证券监管行动对承销商声誉的间接惩罚效应不足。对于会计师事务所及其审计师来说，部分研究通过事务所客户公司的财务报告舞弊情况探讨监管机构对事务所审计的监管效果。许艳芳（2007）发现，证监会更关注与收入/费用相关的实质性财务舞弊，更愿意处罚未披露实质性舞弊的事务所，促使事务所关注实质性舞弊、降低审计风险并提高审计质量。类似地，余海宗和袁洋（2011）验证了证监会处罚能很好地识别上市公司与收入相关的财务报表舞弊，进一步明确了审计师的责任，对规范审计师行为发挥了显著的监管效力。谭洪涛和张筱（2015）也得出类似的结论，研究发现监管部门能有效约束审计意见变通行为，审计师必须有效披露公司的重大错报和舞弊行为且出具恰当审计意见才能更好地避免被处罚。此外，金等（Kim et al.，2020）研究了监管机构对财务错报监管影响的溢出效应，认为金融监督服务局（FSS）会计检查发现的财务错报能促使审计师将更长的时间投入到所有客户公司的审计中，且财务错报公司的审计师受到的制裁越严厉，其对非错报客户公司的审计时间会越长。

一些研究文献讨论了监管机构影响事务所审计质量的直接效果，研究结论大多认为监管部能有效改善事务所质量体系、增加审计师谨慎性并提高审计质量（吴溪，2008；朱春艳和伍利娜，2009；宋衍蘅，2011；Church & Shefchik，2012；Lamoreaux，2016）。部分学者基于声誉机制检验监管机构对审计质量的影响效果，方军雄（2011）发现证监会处罚后审计师声誉受损，通过声誉机制促使审计质量的提高。类似地，朱松和柯晓莉（2018）研究表明，处罚公告后受罚事务所进行了声誉重塑，其审计质量显著高于未受罚事务所。此外，也有学者基于审计工作流程环节设置以及审计师个人能力进行研究，英洛尼等（Moroney et al.，2019）研究发现，接受监管机构检查的事务所，按照知识技能、人际交往能力等审计师被更有效地分配，以提高审计工作质量。李等（Li et al.，2020）从审计投入和审计产出两个视角均证明了证监会制裁通过增加审计师个人的勤勉度和努力度来提升审计质量。而与大多数研究结论相反，兰诺克斯（Lennox，2015）发现会计监督管理委员会限制审计师的税收服务后审计师的独立性和提高审计质量没有显著增加。同样，李莫愁和任婧（2017）以被证监会行政处罚的会计师事务所为研究对象考察行政处罚的纠错功能，认为证监会行政处罚的纠错功能不够强，且处罚力度不足导致事务所被处罚后的审计质量并未提升。

上述文献回顾显示，当前绝大多数研究都是基于证监会行政处罚性监管探究证券市场监管的效果，在针对股票市场反应的影响研究中，现有研究结论大多为证监会处罚公告会产生负面市场反应，且处罚方式和处罚程度越严重，负面市场反应越明显；而仍有少部分研究认为证券市场监管执法威慑不足等因素导致了证券监管的市场反应有限的结论。同样，由于研究情境和研究样本的差异性，探讨证监会行政处罚性监管对上市公司行为和市场信息中介的影响研究中，研究结论也并不统一。总体来讲，现有研究很少涉及证券市场监管体系中处于一线监管地位的证券交易所监管。

2.2.2 证券交易所问询对公司的治理效应文献回顾

以问询函为代表的问询制度是现代证券市场监管体系不可或缺的组成部分。我国监管体制改革背景下，证券交易所问询成为当前一项重要的证券市场监管制度创新。特别自 2013 年沪深两交易所同时正式实施信息披露直通车制度后，随着证券交易所问询函件逐步公开，问询函件及公司回函成为证券交易所与上市公司针对信息披露中的关键问题进行对话的主要载体，具有重要信息含量和较高的研究价值，不仅引起众多投资者的关注，同样也促使我国学术界逐步展开相应研究。因而，我国对于交易所问询的研究起步较晚，研究成果有限。与我国交易所问询制度相比，国外问询监管制度发展成熟，相应的研究起步较早、成果相对丰富，国外研究多集中于美国证券交易委员会（SEC）的评论函（comment letter）。

证券交易所问询对公司的治理效应，现有研究多从公司信息改善、公司行为以及公司股价这 3 个视角展开，大部分研究为交易所问询对公司的治理有效性提供了证据，认为交易所问询是预防公司舞弊和虚假陈述、改善公司信息质量、降低信息不对称性和维护投资者良好信息环境的有效方式；而仍有少数学者担忧监管机构无法最佳地履行其监督职责，可能由于无法依靠足够的资源（Kedia & Rajgopal, 2011；Naughton et al., 2018），或者被其应当监管的行业所控制（Correia, 2014；Heese et al., 2017），交易所问询监管对公司并未发挥充分有效的治理效果（Acito et al., 2019；Ege et al., 2020；张岩, 2020）。

（1）上市公司信息改善视角

上市公司会计信息质量一直以来是证券监管机构和诸多投资者关注的核心，交易所问询制度作为一种公司外部治理手段，对改善上市公司会计信息质量发挥着重要的作用。布莱克布尼（Blackburne, 2014）以公司可操纵应计来衡量 SEC 意见函的监管质量,发现 SEC 监督减少了公司财务报告的可操纵应计额并且降低了管理层财务报告重述的可能性,提高财务报告信息质量。基于我国问询制度背景,刘柏和卢家锐(2019)探究发现交易所问询能够精准识别上市公司应计和真实盈余管理行为,且交易所问询通过降低公司未来的会计绩效来进一步还原真实绩效,提高上市公司会计信息真实性。同样,陈运森等(2019)重点关注交易所问询监管对上市公司盈余管理的治理效果,研究认为,交易所问询显著抑制了上市公司盈余管理行为,且交易所问询力度越大,上市公司当期及未来两期的盈余管理程度也越低,会计信息质量越高。而与上述结论不同的是,卡赛尔等(Cassell et al.,2013)研究发现,对于规模较小的公司、破产可能性较高的公司、CEO 任期较长的公司,SEC 评论函反而会导致财务报告重述概率变高。坎宁安等(Cunningham et al.,2020)从盈余管理视角检查 SEC 监督是否影响公司的会计质量。研究表明,以 SEC 评论函的形式进行公司监管审查将促使管理层从实施应计盈余管理(AEM)转向以实务为基础的真实盈余管理(REM),SEC 意见信不能提供足够强烈的信号来诱使公司改变其盈余管理,难以保证会计信息质量。

除了会计信息质量本身,一些研究对证券交易所问询能否提升上市公司信息披露进行了讨论。本斯等(Bens et al.,2016)探讨了美国证券交易委员会(SEC)监控公允价值披露方面所扮演的角色,发现与公允价值计量相关的 SEC 评论函会导致公司公允价值估算的不确定性明显降低,提高会计公允价值披露水平。王(Wang,2016)认为,研究美国证券交易委员会工作人员提出的合规问题是否对公司信息披露质量有重大影响尤为重要,其研究结果表明收到评论函的上市公司有 186 家修改了当前的披露信息,或者承诺改变未来的披露信息,SEC 评论函改善了公司披露信息缺陷。波扎尼克等(Bozanic et al.,2017)研究表明,SEC 的评论函程序通常可以增强公司的披露,提高投资者的信息透明度并减轻公司的诉讼风险,从而为披露法规方面的文献作出了贡献。杜罗等(Duro et al.,2019)研究认为,SEC 发放并对外公开意见函不仅减少了上市公司盈余操纵行为,更会促使公司财务报告披露更多的增量信息，以此降低后续财务重述。此外，翟淑萍和王敏（2019）、李晓溪等（2019a）和夏一丹等（2020）基于我国上市公司前瞻性业绩预告信息披露，研究发现被问询的上市公司业绩预告积极性增加、业绩预告的精确性明显改善。

（2）上市公司行为视角

交易所问询不仅能改善上市公司信息供给质量，同时还能规范和约束公司的行为。就公司违规和舞弊行为而言，库比克等（Kubick et al.，2016）研究发现，SEC 评论函监管增加了公司避税预期成本，收到评论函之后的上市公司会主动降低避税行为。张俊生等（2018）研究认为，交易所年报问询函促使上市公司管理层开诚布公地披露更多隐藏的"坏消息"，抑制公司财务报告的舞弊行为，进而降低股价崩盘风险。王春峰等（2020）发现交易所年报问询能够前瞻性预测公司违规行为，提高了公司未来因违规被稽查的概率，充分发挥了交易所一线监管的作用。而交易所问询对公司重大交易行为的影响并非一贯有效，李晓溪等（2019b）认为，证券交易所问询通过提升信息披露质量降低并购重组中的信息不对称，进而提升重组成功的概率，提升上市公司未来绩效水平。但是，傅祥斐等（2020）认为，被交易所重组问询的并购交易，交易失败和未来发生商誉减值的风险更高。此外，交易所问询对公司融资行为的影响效果比较明确，翟淑萍等（2020a）以及胡宁等（2020）均认为，收到交易所问询函后，加剧被问询公司的融资约束，提高了公司融资成本。同样，交易所问询亦能约束或提升公司大股东和高管行为，佩特民奇和马拉（Pettinicchio & Marra，2015）研究发现，SEC 发行评论函增加了公司 CFO 离职的可能性，且收函数量越多、涉及财务风险问题越严重，收函公司 CFO 离职概率会极大增加。聂萍和潘再珍（2019）从大股东"掏空"行为视角证明了证券交易所问询能有效抑制大股东"掏空"，且在内部控制环境差和法治水平低时该抑制关系尤为明显。从上市公司高管变更视角，邓祎璐等（2020）讨论认为，财务报告问询函会显著增加上市公司高管变更的概率，公司会通过变更高管来弥补问询带来的声誉损失，且交易所问询严重程度越高，高管变更概率越大。

（3）上市公司股价视角

大多数文献基于上市公司股价来考察交易所问询是否促使公司向市场提供了更多的增量信息以及市场对被问询公司的价值判断，德里恩科和索特（Drienko & Sault，2013）以澳大利亚证交所（ASX）针对股价异常的公司发布问询函为事件，研究发现交易所问询公告与负的股票回报率相关，且收到交易所问询函后，公司存在明显的股价逆转。德肖等（Dechow et al.，2016）研究指出，SEC 发布与收入确认相关的评论函时公司股价出现负面反应，且在之后 50 天内股票回报率出现了 1% ~5% 的负漂移。与之研究结论相同，李琳等（2017）认为，年报问询函和公司回复函的披露给被问询公司带来的负面股价反应，且存在内部人减持的上市公司样本其负面股价反应更明显，由此说明问询函件具有信息含量，内部人利用信息优势提前减持以降低损失。此外，约翰斯顿和佩塔奇（Johnston & Petacchi，2017）以 SEC 对审核存在披露缺陷的上市公司发放评论函为事件，检验发现收到评论函后，上市公司盈余反应系数增加，且盈余公告发布窗口期内的收益率波动幅度较大。李和刘（Li & Liu，2017）研究发现，IPO 发行者在收到评论函后会降低发行价，且 IPO 公司与 SEC 的联系越多，从 IPO 申请日到最终发行日的价格降幅越大。我国学者陈运森等（2018a）以及郭飞和周泳彤（2018）研究认为，交易所问询函公告能引发公司股价的负向反应，证实了交易所问询监管的有效性。而现有研究仍存在一些差异性结论，陶雄华和曹松威（2018）研究结果发现，重组类问询对上市公司事件窗口期的股价产生约 5% 的正向累计超额收益，而定期报告问询却产生了约 -3% 的负向累计超额收益。杨海波和李建勇（2018）以深交所上市公司数据研究了被交易所问询上市公司的股票市场反应，发现问询前被问询公司累计超额收益率为负，但问询后其累计超额收益为正，提出问询监管需进一步加大监管力度的结论。

（4）证券交易所问询对公司的治理溢出效应

大多数文献直接探究证券交易所问询对被问询公司的治理效应，而一部分学者另辟蹊径，其关注证券交易所问询对与被问询公司相关联的未被问询公司的治理效应。布朗等（Brown et al.，2018）研究认为，当行业领先者、竞争对手或同行业公司收到 SEC 关于风险因素的信息披露时，其余未收函公司会在之后年度披露更具体的公司信息，降低收函风险。翟淑萍等（2020b）研究指出，交易所年报问询不仅对被问询上市公司的会计信息可比性发挥监管效应，同时还对具有共同审计师、董事联结以及同行业未被问询公司的会计信息可比性具有正向溢出效应。丁龙飞和谢获宝（2020）研究表明，企业集团内部子公司收到年报问询函会显著提升集团内其他子公司的财务报告质量。针对财务报告质量，赫沙尔扎德和拉杰巴利扎德（Hesarzadeh & Rajabal-izadeh，2020）研究发现，证券委员会评论函监管降低了公司财务报告复杂性，进一步证明了证监会监管存在行业溢出效应，即证监会对行业领导者或竞争对手发布了评论函，未收函公司会主动降低其财务报告复杂性。类似地，翟淑萍等（2020c）将研究范围从公司本身拓展至具有董事联结的公司，发现年报问询函对收函公司的年报可读性具有显著提升效果，同时促使具有董事联结关系的上市公司改善年报披露质量。此外，赫沙尔扎德（2020）研究了监管机构评论函对公司高管管理能力的影响效应，发现在收到监管评论函后，公司高管的管理能力得到了增强，同行业未收函公司高管会主动提高自身管理能力。耀友福和薛爽（2020）发现，交易所年报问询压力不仅显著抑制上市公司内部控制意见购买行为，而且对同行业、同省份和共同审计师的公司具有溢出效应。

通过梳理和总结当前研究文献可知，现有针对证券交易所问询监管的研究，基本聚焦于上市公司会计信息质量、传统的财务数字信息披露以及公司股价等方面，很少针对文本信息披露问题进行讨论。此外，当前研究结论显示，证券交易所问询对上市公司财务舞弊、融资及高管的其他行为等具有明显的治理效应，且对同行业其他公司具有一定的治理溢出效应。而证券交易所问询对上市公司信息改善和股价反应的影响，其研究结论存在不一致性。综合来说，当前有关证券交易所问询对公司的治理效应研究视野较为局限，尚缺乏从公司年报文本信息披露视角对证券交易所年报问询的公司治理效应的综合性、系统性的深入探讨。

2.3 上市公司文本信息披露的相关文献回顾

2.3.1 上市公司文本信息的测度文献回顾

非数字化、非结构化的文本信息是上市公司信息披露中不可或缺的重要部分，凭借其灵活多样的表达方式和丰富的语义内涵，它不仅是实务界众多投资者正确解读公司信息的关键，更是学术界开展有关上市公司信息披露研究的热点。那么，如此重要的文本信息，在理论研究中是如何合理地量化测度呢？本部分梳理和总结了近年来国内外学术界对于文本信息的测度的主要方式及相关研究，具体表现为以下三方面：

（1）文本信息含量

文本信息含量主要是指公司叙述性文本信息蕴含结构化数字信息所不具有的特定主题内容和特殊信息，是体现公司会计文本信息价值相关性和决策有用性的重要指标。与数据信息相比，文本信息通常缺乏可验证性即无成本地传达难以核实的信息，并且存在"语言膨胀"现象即大量语言映射少量的语义，语言表述多而实质内容少（Demers & Vega，2011）。因此，公司文本信息内容是否具有显著信息含量，是否传递了价值增量信息，不仅成为投资者关注的核心问题，更引发了学术界的众多讨论。当前会计研究领域着重从两个视角展开公司文本信息含量的探索——文本特定信息内容的披露程度和文本信息整体的相似性与特质性。

多数学者基于文本特定信息内容的披露数量、频率、占比以及是否披露等探讨公司文本信息含量及其影响效应，研究普遍认为，公司文本信息对特定内容披露程度越高，表明有效的价值信息含量越高。鲍和达塔（Bao & Datta，2014）基于公司风险信息披露，研究发现年报中系统性风险和流动性风险的披露显著增加投资者风险感知。霍普等（Hope et al.，2016）认为，在披露了一定数量的风险信息时，披露详细具体的风险因素信息更有益于加强投资者和分析师对风险的理解。李等（2019）发现，公司风险披露对投资效率影响显著，即风险信息披露频率越高，企业的投资效率越高。一些学者讨论公司前瞻性信息，穆斯路等（Muslu et al.，2015）研究指出，管理层讨论和分析中披露与公司运营相关的前瞻性财务信息披露，有助于改善公司股票价格的低信息效率。波扎尼克等（Bozanic et al.，2018）认为，公司信息披露的前瞻性陈述信息披露频率越高，意味着向投资者和分析师传递公司不确定性越高的信号。李秉成等（2019）研究指出，管理层讨论与分析中前瞻性信息的披露能够显著提升公司财务危机预测能力，具有重要信息价值。此外，还有学者针对公司研发信息进行研究，莫克雷（Merkley，2014）、李岩琼和姚颐（2020）认为，公司披露研发文本信息对提升证券分析师预测质量产生积极影响。而张娟和黄志忠（2020）发现上市公司披露的研发文本信息传递的价值信息有限，研发信息篇幅越长，投资者对公司未预期盈余的市场反应反而越弱。

部分学者基于公司文本信息整体的相似性与特质性来衡量并探讨文本信息含量。相似性即公司披露的某一文本信息与另外某一文本信息的相同程度。特质性即公司披露的某一文本所特有的、有别于其他文本的信息。一些学者质疑，公司管理层出于某种动机，将公司重要文本信息仅模板化重复性地披露，并未包含有效信息含量（Brown & Tucker，2011；Kravet & Muslu，2013；赵子夜等，2019）。而大多数研究进一步佐证了上述结论，认为只有非重复性和特质性信息才蕴含有效信息含量，产生显著的影响效应。汉雷和霍伯格（Hanley & Hoberg，2010）利用文本分析法可以将招股说明书中的文本信息分解为标准信息和特有信息。研究认为，公司披露更多的特有信息内容，才会导致更准确的报价和更少的低估，而标准内容的情况正好相反。类似地，郝项超和苏之翔（2014）基于招股说明书中的风险信息，研究认为，特有风险信息可以降低公司 IPO 抑价，而标准风险信息则无影响。孟庆斌等（2017）以 MD&A 中的特质性信息代表其信息含量，发现 MD&A 信息含量越高，公司未来股价崩盘风险越低。王雄元等（2018）依据年报风险信息的余弦相似度衡量风险信息含量，余弦相似度越高，说明年报提供的增量风险信息少。研究表明，余弦相似度较高的年报风险信息披露以减少审计工序为路径来降低审计费用。

（2）文本可读性

可读性反映了文本信息的可阅读性，它以文本自身结构及行文逻辑为基础，从文本篇幅、词语数量、句子复杂性、专业词语密度以及文本中图表占比等诸多角度，来综合衡量读者阅读或理解文本信息的难易程度。年报文本信息的突出特点就是通过语言文字来表述信息，信息使用者准确获取文本信息的最有效方式就是阅读，因而可读性成为度量年报文本信息可理解性的一项基本指标（阎达五和孙蔓莉，2002）。公司年度报告作为一份正式的沟通文件，应遵循有效沟通的原则，而有效沟通就是年报使用者能按照发布者意图准确清晰地解读接收到的年报信息。信息披露视角认为，简明易懂的年报文本信息能够极大程度降低信息不对称，提升市场信息透明度，增加股票交易量和流动性（Franco et al.，2014；王运陈等，2020）。相反，当年报中的文本叙述信息以超出大多数目标受众的理解水平表述和披露时，这种信息传递就会存在障碍，即表现为沟通的无效性。年报文本信息复杂模糊程度越高，越会加剧投资者对公司特定信息的处理成本，降低信息传递和资源配置效率，减少股票市场的有效信息（Lee，2012）。

会计学者一直以来都十分重视文本叙述信息的可读性，以可读性作为测量公司年报文本信息的重要工具可追溯至20世纪50年代，帕沙里安和克里西（Pashalian & Crissy，1950）最早将可读性应用于公司年报的探讨，研究认为，公司年报可读性并不令人满意，难以阅读和不易理解的现象普遍存在。之后的数十年，关于年报文本信息可读性的讨论不断涌现，而早期的研究大多集中于如何评估年报及其组成部分的文本可读性（Soper & Dolphin，1964；Smith & Smith，1971；Courtis，1995）。随着研究的逐步深入和研究技术的不断成熟，李（Li，2008）开创性地利用计算机技术将大数据引入会计年报文本分析，基于大样本构建迷雾指数（fog index），揭露了年报可读性差背后的深层原因。研究发现，公司年报可读性与管理层隐藏业绩的动机一致，年报易于阅读和理解的公司往往业绩更好，而业绩不佳的公司则更频繁地试图模糊文本掩盖事实。自此，推进了公司信息披露文本分析的研究步伐。由于计算机技术允许将大规模的文本集合进行解析，因此学术界涌现出大量文献利用大样本和现代多样化分析方法，依据早期研究基础，更为深入地开展关于公司年报可读性的讨论，直至目前研究成果颇丰。

很多文献讨论了年报可读性的重要性，一方面，年报的可读性关系到公司信息披露效率，蒋艳辉和冯楚建（2014）发现，管理层通过不同形式的语言特征向市场传递价值信息，而年报中管理层经营与讨论的可读性正是公司未来业绩的反映。洛格兰和麦克唐纳（Loughran & McDonald，2014）认为，简洁的书面年报更容易被阅读，更有可能被有效地整合到股票价格和分析师的预测中。盖伊等（Guay et al.，2016）检验发现，年报可读性较差的公司会增加自愿披露动机，以此来改善负面信息环境。白等（Bai et al.，2019）基于信息不对称机制，认为可读性较强的公司年报会减少信息处理成本和股票回报的同步性。逯东等（2019）研究发现，较好的年报可读性降低了信息不透明，增加了投资者实地调研的频率和概率，而投资者实地调研又进一步提升年报可读性高所带来的信息披露效率。刘会芹和施先旺（2020）提供了年报可读性对资本市场信息解读和传播效率的重要性的实证证据，认为较差的年报可读性降低了分析师关注程度与预测质量。另一方面，年报可读性也关系到公司自身及其股东。霍夫景和克雷梅尔（Hoffmann & Kleimeier，2019）认为，创新公司更易于阅读的财务信息披露可以减轻公司基本面信息风险，最终降低债务融资成本。李春涛等（2020）探讨了年报可读性对企业创新的影响及其机制，发现较高的年报可读性降低信息不对称，进而有效缓解创新企业的融资约束。此外，阿贝纳西等（Abernathy et al.，2019）认为，财务报表附注可读性较差的公司审计时滞长、审计费用高且更可能收到持续经营意见。卡瓦达和王（Kawada & Wang，2019）进一步研究表明，在收到持续经营意见后，公司的年度报告显示出更高的可读性。为了强调年报可读性对保护股东财富的重要性，哈桑和哈比伯（Hasan & Habib，2020）研究了年报文本信息可读性与公司流动性和支付政策之间的关系，发现披露可读性较差的公司持有的现金明显更多、公司支付的现金股利和回购的股票均较少。可见，可读性是金融会计领域评估公司年报文本信息的重要标准，对于深入分析公司信息披露和资本市场运行效率具有重要价值。

（3）文本语调

语言文字的主要功能在于传递信息和表达情感，而以大量叙述性语言文字组成年报文本信息在表达管理层观点的同时，亦能体现公司管理层的情绪和态度。文本语调则是文本信息中所表达的积极（正面）或消极（负面）的情感倾向意思所在（谢德仁和林乐，2015）。随着计算机文本分析技术的成熟发展，学术界对于文本信息的衡量逐步多维化和精细化，文本语调凭借其丰富的语义内涵成为衡量文本信息的重要维度之一。众多研究认为，公司文本信息的语调不仅能传递关于公司财务业绩的增量信息（Li，2010；Loughran & Mcdonald，2011；Bochkay & Levine，2019），同时还在某种程度反映了公司管理层情绪意图和披露倾向（黄超和王敏，2019；Campbell et al.，2020；D'Augusta & DeAngelis，2020），具有深刻的信息内涵。因而，深入挖掘年报文本信息所包含的情感态度和语调倾向，则为准确捕捉公司管理层信息披露的"言外之意"以及全面解读年报文本信息提供了有效途径。

文本语调往往能够传达比廉价的言辞更有价值的信息，戴维斯等（Davis et al.，2012）基于公司收益公告中的净乐观语言，贾德奎和卞世博（2019）基于公司招股说明书语调，黄方亮等（2019）与李等（2019）基于公司年报中管理层经营与讨论的语调，费雷拉等（Ferreira et al.，2019）及德鲁兹等（Druz et al.，2020）基于电话会议中经理的语言基调，均得出文本语调能反映公司盈余信息和预测公司未来业绩的研究结论。江等（Jiang et al.，2019）研究发现，公司财务信息披露的聚合文本语调具有很强的预测能力和信息价值，是未来股市总收益的一个强烈的负性预测因子。然而，有学者认为，公司文本语调并未真正传递业绩增量信息且可能存在误导性的有偏信息。巴吉斯基等（Baginski et al.，2016）基于业绩预告披露发现，文本语调并不能如实反映公司业绩信息，管理层有意使用过多乐观语言试图营造良好的市场反应。朱朝晖和许文瀚（2018）发现，公司管理层语调信息并非可靠，其为了配合盈余管理行为而带有一定的倾向性。因而，有效甄别并准确理解文本语调信息对于公司利益相关者信息决策尤为重要。

此外，文本语调在资本市场中扮演着重要角色，影响着资本市场资源配置效率与资本市场参与者的信息决策。谭等（Tan et al.，2014）发现，文本语调能影响投资者对公司盈余的判断，积极的语言更能削弱经验不足的投资者对公司不利表现的理解。文本语调对投资者信息决策的影响通常表现为股票市场的价格反应，林乐和谢德仁（2016）研究指出，对于净正面语调投资者具有正向反应，对于负面语调投资者具有显著的负向反应。波德特等（Boudt et al.，2018）认为，文本语调有效缓解了公司与投资者之间的信息不对称，显著增加投资者对收益公告的反应。同样，杨七中和马蓓丽（2019）认为，波德特等投资者能准确理解管理层语调含义，对积极语调的正向反应较为滞后，对消极语调的负向反应更为及时。甘丽凝等（2019）发现管理层语调具有定价功能，管理层净积极语调比例的提高可显著降低权益资本成本。此外，还有研究关注文本语调对证券分析师及审计师的影响。林乐和谢德仁（2017）指出，净正面语调增加了分析师更新其荐股报告概率及更新人数比例，同时提高分析师评级水平及其变动。钟凯等（2020）从分析师盈余预测角度讨论认为，管理层的情感语调信息能提高分析师预测准确性并显著降低分析师预测偏差。卡斯特罗等（Castro et al.，2019）及格雷纳等（Greiner et al.，2020）均研究发现，管理层语调影响审计师对客户公司风险的评估与感知，高可靠性的管理层语调及乐观语调与较低的审计费用相关。李世刚和蒋尧明（2020）基于审计意见决策视角，研究认为，年报文本信息净语调通过审计师对公司未来业绩预期和审计师时间投入这两条路径来影响审计意见决策。

总结现有研究文献，可以发现不论是利用传统分析手段还是现代计算机自然语言分析技术，当前学术界主要基于文本信息含量、文本可读性以及文本语调这三方面对文本信息进行测度并展开相关研究。文本信息含量和文本可读性是当前评估公司文本信息的重要标准，文本语调对于深入分析公司信息披露也具有重要价值，其均对资本市场资源配置效率与资本市场参与者的信息决策发挥着举足轻重的作用，这为后文针对年报文本信息披露的进一步细化研究提供了良好的文献基础。

2.3.2　上市公司文本信息策略性披露文献回顾

有效市场理论认为，证券市场股票价格能完全充分地反映公司公开的所有信息（Fama，1970）。而现实中诸多市场异象表明，股票市场并非完全有效，不完全披露假说对此现象作出更为贴切的解释，认为股票价格并不能无条件地完全反映公司信息，而是取决于信息的解析成本，越高的信息解析成本越难以完全反映于股价（Bloomfield，2002）。信息解析成本的存在降低了股票市场的有效性，由此催生出上市公司管理层的机会主义信息披露行为。公司管理层作为信息披露的主体，具有掌握信息资源的天然优势，足以通过信息操控来实现策略性披露，进而改变市场信息获取的效率。在公司信息披露中，文本信息比数字信息更为复杂多面，文本中字词用语的含蓄性、语句逻辑的繁复性以及语义的多样性都直接关系到投资者的信息解读成本，而公司管理层对文本信息的披露具有更大的自由裁量权和主动权。因此，文本信息成为增加投资者信息解读成本的一种手段，是信息披露中有效的管理层自利工具（Davis & Tama，2012；Bushee et al.，2018；王克敏等，2018）。出于契约、绩效或薪酬等的某种自利动机，公司管理层往往选择操控文本信息作策略性披露，以隐藏公司负面消息或实施印象管理（Merkl – Davies & Brennan，2007；Laidroo & Joost，2018）。由此，公司文本信息的策略性披露引发了研究者们的格外关注。

现有研究表明，公司管理层通过策略性管理文本语调有意引导投资者对公司的价值判断和印象。黄等（Huang et al.，2014）发现，公司超常的乐观语调与其未来负向收益和现金流显著相关，且当公司在新股发行、并购等重大事件前，公司会通过语调管理传达乐观积极的情绪以营造有利的市场气氛。阿里和德安格利斯（Allee & DeAngelis，2015）从语调分散的视角研究认为，公司管理层通过策略性调整文本语调分散性来放大好坏消息。同样，朱朝晖等（2018）指出，公司业绩差时会有意调整文本语调中乐观和悲观词语的分布来影响证券分析师预测乐观性。而语调管理的背后很可能是管理层的信息操控行为，王华杰和王克敏（2018）研究表明，公司文本信息语气操控是管理层实施盈余管理更为隐蔽的方式，为了更好配合辅助盈余管理行为，通常文本语气操纵方向与盈余管理方向一致。类似地，曾庆生等（2018）认为，年报语调是公司内部人策略性信息披露的一种手段，年报披露后未来绩效差时，公司会正向调整年报语调，以有利于内部人大规模卖出公司股票。贝里塔等（Beretta et al.，2019）根据公司披露的综合报告内容，研究发现超过一半的公司选择用积极的语气传达信息，而放弃用消极负面的语气传达信息的，以此维护公司在环境、社会和治理等非财务方面的良好形象。

而增加文本的复杂性也是公司管理层模糊信息的一种披露策略和手段，吉利等（2016）认为披露社会责任报告的公司会增加社会责任报告的可读性，以彰显其社会责任的履行状况，且管理层权力越大，社会责任报告可读性越强。阿塞等（Asay et al.，2018）研究发现，为了引导投资者从积极的角度看待公司糟糕的表现，管理者使用更多的被动语态和更少的人称代词增加文本语句复杂性。周佰成和周阔（2020）认为，IPO 公司会策略性降低其招股说明书的可读性，以增加投资者信息解析成本提高 IPO 抑价程度。信息模糊假说认为，当公司业绩不佳时，经理有混淆信息的动机，其可能想通过不太透明的披露来策略性地隐藏不利信息。德·索扎等（De Souza et al.，2019）研究表明，复杂叙述在信息解读中具有低效率和高成本的特点，经理人会增加叙事性会计披露的复杂性，有意地降低文本信息披露的可读性，以掩盖有关业绩不佳的信息。马丁内兹－费列罗等（Martinez－Ferrero et al.，2019）研究指出，管理层采用信息模糊策略，当社会责任表现差时，管理层选择披露不均衡、不清晰且更难以读懂的公司信息。文本可读性也可能是管理层进行盈余操控的辅助方式。王治等（2020）发现，董事会报告可读性被上市公司管理层利用来配合其盈余管理行为，管理层通过降低董事会报告可读性来掩盖较高的盈余管理程度。

公司信息披露中文本信息内容和语言修辞方式同样具有策略性，梁等（Leung et al.，2015）研究发现，绩效不佳和财务困境风险较高的公司会尽可能减少年报中的叙述性信息，隐瞒有关公司业绩持续低迷的消息并解释未来前景，以达到分散投资者注意力的目的。阿马尔和贝加塞姆（Ben - Amar & Belgacem，2018）认为，以企业社会责任为导向的企业更可能在印象管理策略中使用更多叙事披露，以此误导利益相关者对企业实际绩效的认识。马克克兰（McClane，2019）研究指出，公司在新股发行时，会以样板化的披露代替更多新增量信息的传递，由此掩盖敏感信息或缩短尽职调查的时间。而李等（2019）的研究结论不同，其认为当公司新股发行或新 CEO 上任时，公司经理人在年报中进行的重复性披露并非是为了混淆信息，而是通过重复披露来强调公司的特定事件，以引起个人投资者的有效反应，与演替假说一致。而文本信息中词语的修辞方式也具有策略性披露的空间，张秀敏等（2016）发现，重污染公司由于承受更多的监管压力，管理层会进行环境信息披露的语义操控，通过提升语气强度来增强公司合法性，并维护公司在环境信息披露方面的良好形象。随后，张秀敏等（2019）验证了公司社会责任报告中策略性文本修辞操控行为。研究表明，当公司社会责任履行较差时，会使用有偏的修辞语言作社会责任报告披露，主要运用更乐观、更强烈、更不明确的修辞作文本语言粉饰。

上述研究表明，与财务数字信息相比，叙述性的文本信息具备较强的灵活多样性，公司管理层对文本信息的披露具有较大的自由裁量权和主动权，因而，文本信息往往成为管理层实施策略性披露的自利手段，以掩盖公司不良业绩或进行印象管理。特别是当公司业绩不佳时，提供积极的、重复性的文本信息、增加文本复杂性等策略性披露方式尤为明显。因此，有效抑制管理层文本信息披露中的机会主义行为，促进和提高上市公司年报文本信息披露对于实现资本市场信息透明、保护广大投资者十分必要，而当前鲜有文献深入探究如何促进年报文本信息披露这一问题。

2.4 证券交易所问询对上市公司文本信息披露的影响文献回顾

　　国内外直接研究证券交易所问询对上市公司文本信息披露的文献不多，以美国为代表的西方发达国家的相关研究集中于近几年，而我国对于证券交易所问询的研究刚刚兴起。考虑到证券市场监管是公司外部治理机制的核心，且关系到证券交易所问询对公司的治理效果，因此，本书认为有必要从证券市场监管的整体视角切入，在回顾国内外证券市场监管影响上市公司文本信息披露的基础上，进一步梳理当前国内外针对证券交易所问询影响公司文本信息披露的相关文献，从而为本书研究提供较为全面的文献基础。

　　为了更好地规范上市公司信息披露，政策制定者和监管机构一直在不断完善和修订公司信息披露的相关规定，可以说，证券市场对信息披露的监管和制定相应准则是相互交织的。文本信息作为上市公司信息披露中的重要组成部分，其包含的信息内容以及语言的描述方式等直接影响到公司信息披露的整体有效性，对文本信息使用者的准确认知和正确解读具有不容忽视的影响力和重要性（Riley et al.，2014；Asay et al.，2017；Elliott et al.，2017；杨丹等，2018）。鉴于文本信息披露的重要性，美国证券交易委员会（SEC）在简明英语规则（*Plain English Rule*）中明确要求，公司文本信息披露应使用更简洁的英语和更具体的语言使投资者更清楚抽象概念，且在《非财务信息披露内容与格式条例》（*Regulation S - K*）及《披露有效性倡议》（*Disclosure Effectiveness Initiative*）中详细规范了公司文本信息披露的具体编报细节与内容。基于此，国外学者戴尔（Dyer，2017）研究了 FASB 和 SEC 要求对公司年报逐年篇幅增加的原因作解释披露这一信息披露准则的有效性，使用 LDA 方法分析文本特定主题，认为所有公司基本均通过公允价值、内部控制和风险因素披露这 3 个主题来解释年报篇幅增加的原因，SEC 准则促进了叙述性信息披露。而哈丁和莱玛伊安（Harding & Lemayian，2018）以美国 SEC 在

Regulation S – K 中规定的公司应当披露其在提名董事时是否考虑了多样性这一准则为研究前提，发现一些公司没有遵守这一规则，并未披露公司董事招聘中是否考虑了多元化这一因素。该研究指出，美国证券交易委员会应当对"多样性"一词进行更为正式的定义和制定更严格的多样性披露准则。

虽然国际财务报告准则主要是针对公司会计数字信息披露的直接约束，但也有国外学者基于该视角进一步研究其对文本信息披露的影响。理察德斯和范斯塔丹（Richards & Van Staden，2015）使用计算语言来研究在采用国际财务报告准则后，年度报告披露是否变得更难或更容易阅读。研究表明，采用国际财务报告准则增加了年报文本信息的复杂性，降低了年度报告文本叙述性信息的可读性。同样，张和卢（Jang & Rho，2016）对比采用国际财务报告准则和非采用国际财务报告准则的公司披露的财务报表脚注可读性的差异，认为基于国际财务报告准则的财务报表的可读性明显低于基于当地会计准则的财务报表。类似地，希达亚图拉和赛亚尼格鲁姆（Hidayatullah & Setyaningrum，2019）研究表明，采用国际财务报告准则与文本披露的可读性显著负相关，由此说明采用国际财务报告准则需要更复杂和更有能力的财务报表使用者。而与大多数研究结论相反，张和刘（Cheung & Lau，2016）研究认为，采用国际财务报告准则后财务报表附注篇幅明显变长且更具可读性。埃费里图伊等（Efretuei et al.，2019）指出，国际财务报告准则的应用增加了会计叙述性文本信息的复杂性，但文本信息复杂性增加了文本信息含量，从而促使投资者更好地理解披露的信息。

由于我国信息披露相关政策规定对叙述性的文本信息披露尚无实质性约束和详细的规范，且当前基于会计准则的研究文献多集中讨论其对具体会计处理等财务数字信息的影响，因而，很难发现从规则角度讨论证券市场监管影响公司文本信息披露的国内文献。我国一些学者从证券监管机构对违反信息披露规则而施加惩罚的角度进行讨论，且针对公司环境、社会责任和内部控制等文本信息，但该类研究文献整体很少。赵息和路晓颖（2010）研究发现，上市公司内部控制信息披露的详细程度与政府的监管概率和处罚力度显著正相关，且基于纳什均衡模型，指出政府的最优监管只能在有限范围内控制而并不能完全杜绝公司披露简单内部控制信息的违规行为。姚圣和李诗依（2017）以违法违规为视角，检验了被处罚企业环境信息披露动机的差异性，发现被处罚的国有非重污染企业会增加环境信息披露以掩盖其违规行为，而国有重污染企业则会选择减少披露环境信息以避免引致更强的监管。李哲（2018）以年报中披露的公司环境信息为研究对象，利用文本分析发现上市公司多言寡行的环境信息披露模式更容易发生披露违规，且在环境信息披露指南实施后，证监会对多言寡行的环境信息披露施加了更严厉的惩处。

问询作为一种非行政处罚性监管，其对公司文本信息披露的监管效应同样引发了当前一些学者的关注，但总体研究成果不多。约翰斯通和佩塔科奇（Johnston & Petacchi，2017）发现，证券交易委员会针对上市公司出具评论函后，研究样本公司中有超过17%的公司会立即修改备案文件中的叙述性信息，且其财务报表附注等文本信息披露亦会进一步加强，从而证实了证券交易委员会评论函监管发挥出有益的信息效应。布朗等（2018）基于风险因素披露来检验美国SEC对公司定性信息披露的监管影响，发现当行业内的领先公司收到SEC风险评论函后，行业内其他未收函公司在随后的一年中披露了更多的具体的风险信息，且降低了未来因风险披露问题收到评论函的概率。赫沙尔扎德和拉杰巴利扎德（2020）从财务报告复杂性视角，研究指出证券委员会评论函监管降低了财务报告复杂性，且对于公司治理质量较高的公司，证监会监管对财务报告复杂性的影响更强。类似地，我国学者翟淑萍等（2020d）研究表明，交易所财务报告问询函提高公司年报可读性，同时也促使了与被问询公司具有董事关联的公司年报披露的有效改善，即交易所问询对年报文本信息披露的监管效果显著。

总结上述文献可以看出，国内外大部分文献从证券市场信息披露准则制定方面探究其对会计数字信息披露的影响，较少涉及文本信息，仅有的针对文本信息的影响研究也较多基于环境信息、社会责任及内部控制等某一特定文本内容进行讨论，从多维度全面深入分析年报文本信息披露问题的研究甚少。可以说，本书从证券交易所年报问询视角出发，从多维度和多层面系统性地研究其对上市公司年报文本信息披露的影响及影响机制，具有一定的研究特色和较大的研究空间。

2.5 文献评述

纵观国内外既有文献，关于问询函监管以及上市公司文本信息，当前学术界在研究内容和分析方法上已取得一定的进展和成果，为本书进一步深入探究提供了有益的理论参考和实证经验，而基于现有文献的梳理和总结，本书认为，当前研究仍存在以下几点问题需要进一步突破：

第一，在李等（2008）的开创性研究之前，关于上市公司文本信息的研究多为理论性论述和小样本分析，缺乏基于大样本的实证检验。随着计算机自然语言处理（NLP）技术的发展和成熟，上市公司文本信息研究重新引起了学术界的关注。由于汉语与英语之间存在一定的差异性，与国外研究相比，我国关于上市公司文本信息的研究刚刚起步，研究成果总体不多。当前国内外有关上市公司文本信息的研究大多局限于单一视角，尤其对于年报文本信息的研究多从年报文本的可读性、语调情绪或文本复杂性等某一具体特征来探究其影响因素或经济后果。年报文本信息在上市公司信息披露中占据重要地位，尚缺乏基于上市公司信息披露基本原则的整体框架，从多维视角系统性、综合性地深入讨论和分析年报文本信息披露问题的研究。

第二，公司文本信息披露具有可操控性，其往往反映了管理层的主观意图，因而当前文献多从公司内部治理视角寻找公司文本信息披露的影响因素，基于公司外部治理视角的公司文本信息披露研究整体比较薄弱。证券市场监管是公司外部治理机制的核心，当前国内外研究主要聚焦于证券监管机构处罚性监管的传统视角，探讨其对公司数字信息质量的影响，较少涉及公司年报文本信息披露。此外，以问询函为代表的非处罚性监管制度是现代监管体系的重要组成，随着我国监管体制改革的不断推进，证券交易所一线监管地位逐渐提升，近几年有关交易所问询的国内研究才逐步兴起。与国外相对成熟的研究相比，我国针对以问询函为代表的证券交易所监管研究成果明显不足，探究交易所年报问询这一公司外部治理方式对上市公司年报文本信息披露的影响研究尤为匮乏。

第三，当前国内关于证券交易所问询影响上市公司文本信息披露的文献很少，鲜有研究深入讨论证券交易所问询对上市公司年报文本信息披露的影响，并充分分析其具体影响机制和渠道。诸多研究表明，公司年报文本信息往往是管理层进行自利的隐蔽工具，管理层对公司年报文本信息的策略性披露往往是配合公司数字信息操纵的有效手段（Huang et al.，2014；朱朝晖和许文瀚，2018；王华杰和王克敏，2018）。证券交易所年报问询究竟如何影响年报文本信息披露？是直接促进年报文本信息披露，还是通过约束管理层数字信息操纵间接促进年报文本信息披露？若直接影响和间接影响均存在，那么，两种影响效应谁占主导地位？现阶段尚未有文献予以回答，均有待本书作进一步深入研究。

第 3 章

制度背景与机理分析

本章梳理了我国证券市场监管与上市公司信息披露制度的发展脉络，并总结当前我国证券交易所年报问询与上市公司文本信息披露的现状和实践，为本书进一步研究寻找了现实背景和依据。同时，基于委托代理理论、信息不对称理论以及印象管理理论，深入分析了证券交易所年报问询对上市公司年报文本信息披露的影响及影响机制，并由此构建相应的理论框架，为本书后续的实证检验提供理论依据和研究基础。

3.1 制度背景

3.1.1 我国证券市场监管与上市公司信息披露制度的历史沿革与现状分析

上市公司信息披露制度对规范上市公司信息披露行为、保证信息传递效率和维护我国证券市场稳定发展至关重要，而上市公司信息披露制度的发展与我国证券市场监管体系的建立和逐步完善密切相关，二者相互交织不可分割。我国证券市场历经 30 年的发展，已基本建立了一套有效的证券市场监管体系和上市公司信息披露制度，其间大致可划分为 4 个发展阶段：证券市场监管体系与上市公司信息披露制度局部探索（1990～1997 年），证券市场监管体系与上市公司信息披露制度初步创建（1998～2005 年），证券市场监管体系与上市公司信息披露制度逐步完善（2006～2013 年），证券市场监管体系与上市公司信息披露制度优化创新（2014 年至今）。由于本书重点关注年报信息披露，因此，着重梳理与上市公司年报信息披露相关的制度与监管发展脉络。

（1）证券市场监管体系与上市公司信息披露制度局部探索（1990～1997 年）

中国人民银行于 1990 年和 1991 年分别批准上海证券交易所与深圳证券交易所成立，我国证券市场由此正式诞生。两交易所成立后，上海市政府和深圳市政府分别颁布《上海市证券交易管理办法》和《深圳市股票发行与交易管理暂行办法》，规定了上市公司应当披露的信息内容以及相应的违规处罚措施。1992 年 10 月国务院证券委员会和中国证券监督管理委员会同时成立，此时，我国证券市场监管体系呈现由地方政府和各部委共同监管的多头、分散式的低效率监管。1993 年国务院《股票发行与交易管理暂行条例》与证监会《公开发行股票公司信息披露实施细则》（试行）正式颁布实施，初步尝试在全国层面对上市公司信息披露进行规范和约束。1994 年证监会颁发实施《公开发行证券的公司信息披露的内容与格式准则第 2 号——年度报告的内容与格式》针对上市公司年度报告信息披露进行具体初步规范。同年 7 月 1 日，《中华人民共和国公司法》颁布实施，其中规定了上市公司应定期公开其财务状况和经营情况，披露公司财务会计报告，并依法经审查验证。这一阶段，我国为督促上市公司信息披露，保护投资者的利益作出了有益探索和尝试。1997 年 7 月，沪深两交易所由地方政府划归中国证监会管理，由此开启我国证券市场监管体系初创的新篇章。

（2）证券市场监管体系与上市公司信息披露制度初步创建（1998～2005 年）

1998 年国务院原证券委和中国人民银行的相关职能划归中国证监会。中国证监会成为全国证券期货市场的主管部门，随即对各地的地方证券监管部门实施垂直管理。自此，我国证券市场监管体系成功转型，初步建立了集中、统一式监管。同年，沪深两交易所分别颁布实施《上海证券交易所股票上市规则》与《深圳证券交易所股票上市规则》（以下简称《上市规则》），提出上市公司信息披露的基本原则，即真实、准确、完整，没有虚假、严重误导性陈述或重大遗漏。1999 年 7 月 1 日，《中华人民共和国证券法》（以下简称《证券法》）正式颁布施行，作为中国第一部证券市场的基础性法律，确认了两个《上市规则》提出的信息披露基本原则。2001 年中国证监会颁布《公开发行证券的公司信息披露编报规则 15 号——财务报告的一般规定》，重点规范了财务报表及其附注的披露编报。同年，深圳证券交易所发布《深圳证券交易所上市公司信息披露工作考核办法》要求"从及时性、准确性、完整性、合法性四方面分等级对上市公司及董事会秘书的信息披露工作进行考核"。2002 年 1 月，证监会颁布实施《上市公司治理准则》首次规范了公司治理信息的披露。由此，随着我国证券市场监管体系的初步创建，我国监管效率逐步提高，上市公司信息披露制度的规范性和约束力不断增强，为证券市场监管体系和信息披露制度的进一步完善奠定了基础。

（3）证券市场监管体系与上市公司年报信息披露制度逐步完善（2006～2013 年）

2006 年 1 月，《证券法》经第一次修订后正式实施，此次重大全面修订对完善证券市场基础制度具有重要意义，其中针对证券交易所的权责规定进一步明确和细化。修订后的《证券法》明确指出，证券交易所是实行自律管理的法人，可以对上市公司及相关信息披露义务人的信息披露进行监督，并对出现重大异常交易情况的证券账户限制交易。随着证券交易所自律监管权限进一步明确和扩大，我国证券市场监管体系逐步发展成为以政府监管为主、自律管理为补充的格局。此外，修订后《证券法》中关于上市公司信息披露方面的要求也进一步提高，其中要求公司年报增加公司实际控制人披露，上市公司董事、高级管理人员应当对公司定期报告签署书面确认意见，即将信息披露责任落实至人。2007 年《上市公司信息披露管理办法》由中国证监会正式颁布实施，是我国上市公司信息披露制度开始逐步完善的重要标志。

2007 年和 2012 年证监会颁布的《公开发行证券的公司信息披露的内容与格式准则第 2 号——年度报告的内容与格式》经历了两次修订，其中进一步调整完善了年报信息披露的具体要求。2011 年开始深交所逐步试行上市公司信息披露直通车制度，鼓励上市公司自主信息披露，同时深交所逐渐削减事前审核，将重心集中至事后审核。2013 年 7 月，上交所正式启动上市公司信息披露直通车，同年 10 月，上交所颁布实施《上海证券交易所上市公司信息披露工作评价办法》，进一步重视对上市公司信息披露的考评。可以说，此阶段证券市场监管开始逐步强化事后监管，资本市场监管效率显著提升，为之后全面推进监管体制改革和信息披露制度优化提供了可能。

（4）证券市场监管体系与上市公司信息披露制度优化创新（2014 年至今）

2014 年 1 月，深交所进一步扩大信息披露直通车的公司范围和公告类别范围，上市公司信息披露直通车制度不断深入和完善。事后审核的监管模式对上市公司信息披露提出了更高要求，沪深两交易所开始大规模有针对性地发放问询函以督促上市公司披露更多信息[①]。同年 5 月，《国务院关于进一步促进资本市场健康发展的若干意见》中明确提出"强化证券交易所市场的主导地位，充分发挥证券交易所的自律监管职能"，证券交易所自律监管逐步被强调和重视。随后，沪深两交易所进一步从辖区监管转向分行业监管，并通过发布分行业信息披露指引和问询函的方式，引导和督促上市公司主动披露行业经营性信息，提高行业信息披露专业性和针对性。2020 年 3 月，《证券法》经历第二次全面修订后正式实施，其中进一步强化信息披露要求，设专章规定信息披露制度，系统性地优化完善了上市公司信息披露制度，同时加大对信息披露违规行为的处罚力度。同年 10 月，《国务院关于进一步提高上市公司质量的意见》明确要求"充分发挥证券交易所一线监督及自律管理职责"，进一步提升我国证券交易所监管地位及其一线监管的权威性。同年 11 月，上交所又一次优化其监管方式，施行信息披露分类监管，区分重点公司、

---

① 2001 年《上海证券交易所股票上市规则》和《深圳证券交易所股票上市规则》中就已经指出上市公司应当答复交易所的"问询"，但此阶段交易所问询更多的是一种内部沟通手段。2013 年上市公司信息披露直通车全面正式实施后，直至 2014 年证券交易所问询函才逐步向社会公开。

重点事项，进一步提升信息披露监管的精细度和深度。可见，身处证券市场全面深化改革时期，我国证券市场在监管理念、监管体系和信息披露制度等诸方面均作出了一系列的优化创新。

历经 30 年的持续不断发展，我国证券市场监管体系也逐步演变，已基本构建了一套以政府监管为主、自律管理为补充的相对健全的信息披露监管体系，上市公司信息披露制度亦随之逐步完善优化，上市公司信息披露监管已取得一定成效。本书进一步梳理了我国相关法律法规及部门规章对上市公司信息披露的规定，为我国证券市场监管思路和信息披露制度的演化趋势寻求更为明晰的脉络，详见表 3.1。纵观我国信息披露相关法律法规和部门规章，基本可以发现以下趋势：

第一，信息披露原则方面，早期没有提出通用的上市公司信息披露原则，只针对某些会计文本披露提出了要求，之后约束范围逐步扩展至上市公司披露的所有信息，而"真实、准确、完整"一直以来都是信息披露的基本原则，直至 2020 年的新《证券法》颁布，进一步对信息披露提出"简明清晰，通俗易懂"的要求，更加强化了信息披露的明晰性和可读性，对信息披露主体提出了更高的信息披露要求。

第二，信息披露内容方面，本书着重针对年报披露内容作梳理，明显发现我国对上市公司年报披露的内容要求逐步增多和细化，且在年报内容和格式编制的具体要求上逐步突出交易所一线监管职能的发挥。

第三，信息披露监管机构方面，最初只是单纯说明证券交易所可以对信息披露行为进行监督，之后逐步强调证券交易所一线监管主体责任，尤其在 2018 年《证券交易所管理办法》中明确规定证券交易所可以"采取通报批评、公开谴责、收取惩罚性违约金、向相关主管部门出具监管建议函等自律监管措施或者纪律处分"，由此明显看出我国证券市场监管逐渐下沉，证券交易所一线监管地位进一步提升。

第四，信息披露法律责任承担人方面，违法行为的法律责任承担人的定位日趋准确。此外，在法律责任方面，可以看出我国监管机构对信息披露违法的处罚力度不断加大，上市公司信息披露违法成本明显增高。

表 3.1 我国法律法规及部门规章对上市公司信息披露的规定

	信息披露原则	信息披露内容要求	信息披露监管机构	法律责任承担人	法律责任
《股票发行与交易管理暂行条例》(1993)	第十六条：……招股说明书……真实、准确、完整。……	第五十九条：年度报告应当包括：公司简况……证监会要求载明的其他内容。	第六十八条：……证监会有权进行调查……重大的案件，由证券委组织调查。	第七十四条：任何单位和个人……	第七十四条：……单……处或者并处警告……股份有限公司……可以停止其发行股票的资格……
《公开发行股票公司信息披露实施细则（试行）》(1993)	第五条：……证券经营机构必须对招股说明书内容的真实性、准确性、完整性进行认真审核。……	第十三条：……年度报告内容应当包括《股票条例》第五十九条所列事项。	第二十八条：……凡违反本规定的个人与机构，按照《股票条例》第七章有关条款处理。	第二十八条：……凡违反本规定的个人与机构，按照《股票条例》第七章有关条款处理。	第二十八条：凡违反本规定的个人与机构，按照《股票条例》第七章有关条款处理。
《公司法》(1994)			第一百五十七条：上市公司有下列情形之一的，由国务院证券管理部门决定暂停其股票上市：……不按规定公开其财务状况，或者对财务会计报告作虚假记载……	第二百一十二条：……提供虚假的或者隐瞒重要事实的财务会计报告的，对直接负责的主管人员和其他直接责任人员……	第二百一十二条：……处以一万元以上十万元以下的罚款；构成犯罪的，依法追究刑事责任。
《证券法》(1999)	第五十九条：公司公告的股票或者公司债券上市文件，必须真实、准确、完整，不得有虚假记载、误导性陈述或者重大遗漏。	第六十一条：……记载以下内容的年度报告，并于公告：（一）……（五）国务院证券监督管理机构规定的其他事项。	第六十五条：国务院证券监督管理机构对上市公司的年度报告、中期报告、临时报告以及公告的情况进行监督……第一百一十一条：……证券交易所应当对上市公司披露信息进行监督，……	第六十三条：……存在虚假记载、误导性陈述或者有重大遗漏，致使投资者在证券交易中遭受损失的，发行人、承销的证券公司应当承担赔偿责任。……	第一百七十七条：……发行人未按照有关规定披露信息，或者所披露的信息有虚假记载、误导性陈述或者有重大遗漏的……处以三十万元以上六十万元以下的罚款。……

续表

	信息披露原则	信息披露内容要求	信息披露监管机构	法律责任承担人	法律责任
《公司法》(2006)			第二百零三条：……向有关主管部门等提供的财务会计报告等材料上作虚假记载或者隐瞒重要事实的，由有关主管部门……	第二百零三条：……主管部门对直接负责的主管人员和其他直接负责人员处以三万元以上三十万元以下的罚款。	第二百零三条：……由有关主管部门对直接负责的主管人员和其他直接负责人员处以三万元以上三十万元以下的罚款。
《证券法》(2006)	第六十三条：发行人、上市公司依法披露的信息，必须真实、准确、完整，不得有虚假记载、误导性陈述或者重大遗漏。	第六十六条：……记载以下内容年度报告：（一）……（六）国务院证券监督管理机构规定的其他事项。	第七十一条：国务院证券监督管理机构对上市公司临时报告、中期报告以及公告的情况进行监督；……对上市公司控股股东和信息披露义务人的行为进行监督。第一百一十五条：……证券交易所对上市公司及相关信息披露义务人披露信息进行监督……	第六十九条：……信息披露资料……致使投资者在证券交易中遭受损失的，发行人、上市公司应当承担赔偿责任……	第一百九十三条：发行人、上市公司或者其他信息披露义务人未按照规定披露信息，或者所披露的信息有虚假记载、误导性陈述或者重大遗漏的，……并处以三十万元以上六十万元以下的罚款……
《上市公司信息披露管理办法》(2007)	第二条：信息披露义务人应当真实、准确、完整、及时地披露信息，不得有虚假记载、误导性陈述或者重大遗漏。	第二十一条：年度报告应当记载以下内容：（一）……（十）中国证监会规定的其他事项。	第九条：中国证监会依法对……信息披露事务管理活动进行监督……证券交易所应当对上市公司及其他信息披露义务人披露信息进行监督……	第六十一条：信息披露义务人未在规定期限内履行信息披露义务……中国证监会按照《证券法》第一百九十三条处罚。	第六十一条：信息披露义务人未在规定期限内披露信息义务……中国证监会按照《证券法》第一百九十三条处罚。

续表

	信息披露原则	信息披露内容要求	信息披露监管机构	法律责任承担人	法律责任
《证券交易所管理办法》(2018)			第六十四条：……证券交易所采取通报批评、公开谴责，收取惩罚性违约金，向相关主管部门出具监管建议函等自律监管措施或者纪律处分。		
《证券法》(2020)	第七十八条：……信息披露义务人披露的信息，应当真实、准确、完整，简明清晰、通俗易懂，不得有虚假记载、误导性陈述或者重大遗漏。	第七十九条：上市公司……应当按照国务院证券监督管理机构和证券交易所规定的内容和格式编制定期报告。	第八十七条：国务院证券监督管理机构对信息披露义务人的信息披露行为进行监督管理。证券交易所应当对证券交易所组织交易所涉及的信息披露义务人的信息披露行为进行监督。	第八十五条：……信息披露资料……致使投资者在证券交易中遭受损失的，信息披露义务人应当承担赔偿责任……	第一百九十七条：信息披露义务人未履行信息披露义务的，……并处以五十万元以上五百万元以下的罚款。……披露的信息有虚假记载、误导或者重大遗漏性陈述的，……并处以一百万元以上一千万元以下的罚款……

注：信息披露内容要求只针对上市公司年度报告进行梳理。

3.1.2　我国证券交易所问询函的特征分析与现状描述

随着我国证券市场监管转型这一理念的不断贯彻，自上市公司信息披露直通车制度全面正式实施后，2014 年证券交易所问询函才逐步向社会公开披露，这进一步加大了证券交易所问询监管的力度和透明度。基于问询函关注内容的差异，证券交易所问询函主要划分为定期报告类、并购重组类和其他类。定期报告类问询函主要涉及上市公司年报、半年报和季报中的存疑问题，重点包括上市公司业绩真实性、资本运作、公司内部控制与公司治理、信息披露以及中介机构执业有效性等众多关键问题。并购重组类问询函关注的主要内容实质就是交易定价的合理性，重点包括并购重组标的估值、标的资产经营状况、标的业绩承诺实现状况及资金来源等问题。其他类的问询函涉及的内容较为广泛，包括公司业绩预告、商誉减值、控制权变更等诸多上市公司日常生产经营过程中涉及的其他事项。为了更清晰地说明我国证券交易所问询现状，本章统计了证券交易所问询函数量及特征，并作了详细分析。

（1）证券交易所问询的总体现状——基于问询函数量及分类的分析

本章利用 Python 语言从沪深两证券交易所官网批量获取了从 2014 年 12 月至 2019 年的所有披露的问询函件，共计 7 178 份。其中定期报告类问询函共计 1 983 份，包括年报问询函 1 741 份、半年报和季报 242 份，约占函件总类型的 27.62%；并购重组类问询函共计 1 825 份，约占函件总类型的 25.42%；其他类问询函共计 3 370 份，约占函件总类型的 46.96%。可以看出，从 2015 年开始，沪深两证券交易所问询函才正式逐步对外披露和公开，其中定期报告类和并购重组类问询函占比相近，其他类问询函占比最高。表 3.2 具体列示了我国证券交易所问询函数量及分类情况。

表 3.2 我国证券交易所问询函数量及其分类

	上交所							
	2014 年	2015 年	2016 年	2017 年	2018 年	2019 年	合计	比例（%）
问询函数量：	2	137	240	455	414	544	1 792	100
年报	0	0	76	123	128	159	486	27.12
半年报及季报	0	0	0	22	17	41	80	4.46
并购重组类	2	137	157	113	126	94	629	35.10
其他	0	0	7	197	143	250	597	33.31
被问询公司数量	1	123	196	326	291	374		
A 股上市公司数量	986	1 073	1 175	1 389	1 443	1 565		
被问询公司比例（%）	0.10	11.46	16.68	23.47	20.17	23.90		

	深交所							
	2014 年	2015 年	2016 年	2017 年	2018 年	2019 年	合计	比例（%）
问询函数量：	3	483	1 033	891	1 470	1 506	5 386	100
年报	0	114	184	205	307	445	1 255	23.30
半年报及季报	0	25	5	14	55	63	162	3.01
并购重组类	3	243	363	246	199	142	1 196	22.21
其他	0	101	481	426	909	856	2 773	51.49
被问询公司数量	3	380	618	554	685	753		
A 股上市公司数量	1 606	1 735	1 859	2 078	2 124	2 195		
被问询公司比例（%）	0.19	21.90	33.24	26.66	32.25	34.31		

由表 3.2 可知，整体来看，我国沪深两证券交易所问询函数量和被问询公司占比基本呈现逐年递增的趋势。具体来说，从 2015 年至 2019 年，上交所问询函数量由 137 份逐步增至 544 份，被问询公司占比由 11.46% 递增至23.9%；深交所问询函数量由 483 份逐步增至 1 506 份，被问询公司占比由

21.9%递增至34.31%。深交所问询函数量和被问询公司占比均超过上交所。剔除当年重复问询的样本公司，上交所被问询公司的平均收函数由1.11份增至1.45份，深交所被问询公司的平均收函数由1.27份增至2份。针对问询函分类，上交所于2016年才逐步对外披露年报问询函和其他类问询函，2017年其他类问询函数量披露的大幅增加导致当年问询函数量和被问询公司数均明显激增；深交所其他类问询函在2016年和2018年均有较大幅度的增加。沪深两交易所对于定期报告类问询基本逐年递增，并购重组类问询却随时间推移而逐步递减，可能是由于交易所将一些并购重组类问询划转至其他类问询当中。可以说，我国证券交易所问询监管正逐步发展为日常信息披露监管的主要方式。

（2）证券交易所年报问询现状描述——基于年报问询函的行业特征分析

随着市场规模的不断扩大，我国上市公司所属的行业门类众多，由于不同行业的结构、规模以及信息披露存在一定差异，因此，本章从行业分布进一步分析了证券交易所年报问询的特征，图3.1所示为2015～2019年证券交易所年报问询的行业特征分布情况。根据证监会2012年《上市公司行业分类指引》，由于制造业包含的上市公司数量较多、特点迥异，因而将制造业取两位编码，其他行业取一位编码作行业划分。由图3.1具体可知，行业A（农、林、牧、渔业）和行业Q（卫生和社会工作）收到年报问询函的公司比例最大，均为22.22%，行业L（租赁和商务服务业）和行业C20（木材加工和木、竹、藤、棕、草制品业）中被问询的公司数量占比也达到17.50%和16.67%，说明这四类行业上市公司的信息披露问题较多、信息披露质量不高。而行业C40（仪器仪表制造业）中收到证券交易所年报问询的公司占比仅为0.87%，C42（废弃资源综合利用业）中仅有的9家上市公司均没有被问询，说明这两类行业的上市公司信息披露质量高于其他行业的上市公司。大部分行业中收到证券交易所年报问询的上市公司比例处于5%～10%，这说明我国上市公司年报信息披露质量普遍有待进一步提升。

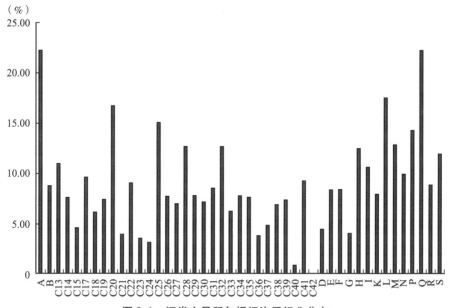

图 3.1　证券交易所年报问询函行业分布

（3）证券交易所年报问询①现状描述——基于年报问询函数量及问询特征的分析

针对证券交易所年报问询，表 3.3 进一步统计了交易所年报问询数量②，相对于沪深两证券交易所问询函总分类，年报问询函数量的变化趋势十分明显。由表 3.3 可知，年报问询函数量和被问询公司占比均呈现明显的逐年递增趋势。具体而言，上交所年报问询函数量由 2016 年的 76 份增至 2019 年的 159 份，被问询公司占比由 2016 年的 6.47% 增至 2019 年的 9.9%；深交所年报问询函数量由 2015 年的 114 份增至 2019 年的 445 份，被问询公司占比由 2015 年的 6.22% 增至 2019 年的 19.91%。其中，每年绝大多数上市公司被交易所问询 1 次，受到 2 次年报问询的上市公司为个位数，深交所 2015 年和 2016 年分别仅有 1 家公司被问询 3 次。由此表明，证券交易所年报问询发挥

---

① 上交所发放的年报问询函、半年报及季报问询函统一称为定期报告事后审核意见函，本章使用正则表达式解析问询函的标题，将三类问询函进行区分。

② 数据库中部分数据有重复现象，本章使用正则表达式解析问询函的文号来识别这种情况。

了一定的威慑和治理作用，大多数公司针对年报问询函都作出了有效回复，降低了被再次或者多次问询的情况。

表 3.3　　　　　　　　　我国证券交易所年报问询函数量

	上交所				深交所				
	2016 年	2017 年	2018 年	2019 年	2015 年	2016 年	2017 年	2018 年	2019 年
年报问询函数量	76	123	128	159	114	184	205	307	445
被问询公司数量:	76	123	125	155	108	173	199	294	437
被问询 2 次	0	0	3	4	4	9	6	13	8
被问询 3 次	0	0	0	0	1	1	0	0	0
A 股上市公司数量	1 175	1 389	1 443	1 565	1 735	1 859	2 078	2 124	2 195
被问询公司比例（%）	6.47	8.86	8.66	9.90	6.22	9.31	9.58	13.84	19.91

注：上交所于 2016 年开始公布年报问询函，因此上交所统计起始时间为 2016 年。

　　表 3.4 是对证券交易所年报问询函具体特征的描述性统计。由表 3.4 可知，年报问询函发函及时性逐步提高，本章用交易所年报问询函披露时间与上市公司年报披露时间之间的间隔天数作统计，其中为了避免多次问询的影响，仅保留当年首次问询，间隔天数越少表明交易所发函越及时。具体来说，上交所发函时间由 28.51 天缩短至 25.19 天，且 2016～2019 年平均发函时间为 26.58 天；深交所发函时间由 35.74 天缩短至 23.54 天，且 2015～2019 年平均发函时间为 28.75 天。平均而言，上交所年报问询更为及时。沪深两交易所年报问询函字符数①均逐步递增，说明年报问询函篇幅增大，问询内容更多，其中数字字符数也基本呈现递增态势，表明交易所对年报数字信息的关注不断增加。年报问询函中会具体详细列出上市公司年报审核中发现的问题②，要

① 问询函字符数是一个比问询函页数更好的指标。问询函大多数不到 5 页，第一页文件抬头、文号和标题占据了将近三分之一的版面，最后一页落款盖章或者空白占据了大部分版面。

② 年报问询函对主问题的编号有如下几种情况：a) 只有大写数字，包括"一、…二、…"或者"（一）…（二）…"；b) 既有大写数字也有小写数字，包括"一、…1.…2.…二、…3.…4.…"或者"一、…1.…2.…二、…1.…2.…"；c) 只有 1 个问题，无编号。对于情况 b) 大写数字是对主问题的归类编号，而不是主问题编号。子问题的编号为小写数字加括号，即"（1）"。本章通过正则表达式解析主问题编号来获得问题数量。

求公司逐一进行回复。其中，每个问题有时会下设诸多子问题，而这些子问题都是对同一问题从更细致层面的质疑和追问。因此，本章统计的年报问题数仅针对主问题，不涉及其下设的子问题。整体可以看出，沪深两交易所年报问询函中包含的问题数逐年增多，且每个问题的平均字符数也逐年递增，说明交易所年报问询"刨根问底"式监管特点愈发明显，监管力度不断加大。深交所 2019 年问询字符数、数字字符数、问题数以及每个问题的平均字符数均有小幅度下降，可能是由于 2019 年年报问询函数量增幅较大导致，但并不影响整体趋势。

表 3.4　　　　　　　　　我国证券交易所年报问询函特征

	上交所				深交所				
	2016 年	2017 年	2018 年	2019 年	2015 年	2016 年	2017 年	2018 年	2019 年
与年报间隔天数/天	28.51	29.50	23.10	25.19	35.74	30.97	26.94	26.57	23.54
字符数	1 886	2 210	2 450	3 157	1 100	1 627	2 027	2 990	2 816
数字字符数	154	225	267	343	124	204	254	339	321
问题数	10.14	10.43	10.60	13.02	6.73	7.89	9.82	12.69	10.78
问题字符数	199	220	243	252	211	232	214	247	293
净乐观语调	0.29	0.20	0.24	0.22	0.30	0.27	0.32	0.30	0.24
要求中介机构回复比例（%）	59.21	92.68	90.40	98.71	42.59	61.27	76.88	93.88	91.99

注：上交所于 2016 年开始公布年报问询函，因此上交所统计起始时间为 2016 年。

此外，本章还统计了年报问询函净乐观语调情况。净乐观语调的取值范围为 [−1, 1]，取值越大表明语调越乐观积极。从表 3.4 中可以看出，沪深两交易所年报问询函的语调随时间的变化趋势不明显①，但整体呈现乐观态势。可以说明，作为一种公司外部治理方式和预防性监管，证券交易所年报问询通过较为积极的情绪鼓励和督促上市公司进行更正、补充和完善相关披

---

① 由于年报问询函的篇幅较短，净乐观语调这一指标规律性不强。

露问题。证券交易所年报问询会要求会计师事务所、律师事务所、保荐机构等中介机构发表专业审核意见。据表 3.4 统计可知，证券交易所要求中介机构回复比例增长趋势十分明显，其中上交所要求中介机构回复比例由 59.21%增至 98.71%，且在 2017 年该比例出现激增；深交所要求中介机构回复比例从最低的 42.59%，最大增至 93.88%。可以看出，证券交易所在年报审核中越来越关注中介机构的执业质量问题。

通过上述统计分析可知，我国问询制度逐步成为沪深两交易所发挥一线监管职能的有效方式，证券交易所问询监管力度和监管范围正逐步加大和扩大。自交易所公开披露问询函件以来，从总体而言，我国证券交易所问询函数量及被问询的上市公司占比逐步递增。针对年报问询函来说，年报问询函数量占定期报告问询函数量的比重达到 87.80%，年报问询函数量及涉及的上市公司占比呈现稳定的上升趋势，且年报问询函的发函及时性和问询力度均不断提升和加大。可以说，证券交易所年报问询逐步发展成为交易所年报信息披露监管的新常态。当前我国证券交易所问询监管的特征分析和现状描述，有助于更为清晰地掌握和了解交易所问询制度的现实背景和发展状况，为后文进一步作理论分析和实证检验提供了现实依据。

3.2　基于相关理论基础的分析

3.2.1　基于委托代理理论的分析

委托代理理论是研究公司信息披露问题的基础理论，詹森和马克林（Jensen & Meckling，1976）认为，委托—代理关系是"一人或多人（委托人）聘用另一人（代理人）来代表其履行某些职责，委托人授予代理人一些决策权"的一种契约。现代公司产权制度安排的一个重要特征是公司所有权与经营权分离，公司所有权与经营权的两权分离促使公司的所有者（委托人）

与高层管理者（代理人）签订一系列明显或隐含的契约，授予高层管理者代表其从事日常经营活动的某些权力，由此形成一种委托代理关系。公司所有者和高层管理者双方追求的目标函数并不一致，高层管理者很可能为了自身利益最大化损害公司所有者的利益，由此催生出第一类委托代理问题。在股权集中型的公司中，还存在明显的大股东或控股股东与中小股东之间的利益冲突，产生第二类委托代理问题（Shleifer & Vishny，1997；冯根福，2004；严若森，2006）。委托—代理问题的存在加剧了资本市场信息非对称性，降低了资本市场的运行效率，因而，委托代理理论的核心就是研究如何降低委托代理问题，即如何设置和建立有效的契约机制，使委托人和代理人之间形成均衡，在此均衡下使双方目标冲突造成的损失降至最低，更好地满足双方利益需求。

为了有效缓解委托代理问题，公司所有者需要建立一套合理监督激励机制，降低高管的机会主义行为，使其更多地以股东和公司利益为中心进行经营决策。信息披露就是其中一种有效的监督机制，增加公司信息披露能够在一定程度缓解委托代理双方利益矛盾和冲突，降低委托代理问题（高雷和高田，2010；顾群和翟淑萍，2013；周志方等，2016）。公司年报文本信息作为财务数字信息的重要补充，在更广泛的层面反映公司诸多关键信息，直接关系到公司所有投资者的利益和决策，因此，充分有效的年报文本信息披露对缓解委托代理问题必然发挥重要作用。一方面，基于公司契约约束，为了达成契约或执行契约，公司代理人有责任和义务对外披露和公开公司重要年报文本信息，年报文本信息披露越充分，越能够增加公司的信息对称性，越有利于公司投资者作出正确的投资决策；另一方面，年报文本信息高质量披露，降低了代理成本，使委托人更好地观察代理人行为和掌握代理人拥有的某些信息，进一步加强对代理人进行约束和监督，建立更完善有效的契约机制。

此外，证券交易所年报问询作为上市公司外部治理的一种重要方式，通过对上市公司年报文本信息披露中的存疑问题进行层层询问与揭露，督促上市公司披露更多有效的、关键性的公司内部信息，保证上市公司将信息披露真实、准确与完整的基本原则切实落地，从而促进了上市公司年报文本信息披露，更进一步提高信息对称性和降低代理成本，更加有助于缓解委托代理问题。整体来说，上市公司信息披露制度基于公司所有者与高层管理者之间委托代理关系而产生，委托代理理论为上市公司信息披露研究提供了基础理论依据。图 3.2 具体展示了委托代理、证券交易所年报问询与上市公司年报文本信息披露之间的关系。

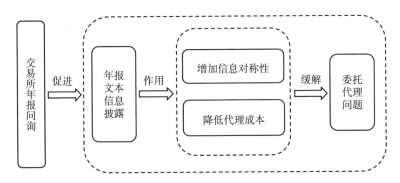

图 3.2　委托代理、证券交易所年报问询与上市公司年报文本信息披露关系

3.2.2　基于信息不对称理论的分析

信息不对称现象在 20 世纪 70 年代就引发了经济学家的关注，乔治·阿克尔洛夫、迈克尔·斯宾赛和约瑟夫·斯蒂格利茨对充满不对称信息市场进行分析，成为该领域早期研究的主要推动者和代表人物。阿克洛夫（Akerlof, 1970）在《柠檬市场：质量不确定性和市场机制》一文中开创性地以旧车市场模型详细说明了信息不对称造成的逆向选择问题，即交易双方的信息不对称，导致卖方能向买方推销劣质品，由此市场价格下降导致劣质品驱逐优质品，进而出现市场产品平均质量的降低。可以说，逆向选择的实质就是信息不对称所造成的资源配置扭曲的一种现象。

证券市场中的逆向选择无处不在，以上市公司与其投资者之间的博弈进行分析，二者对于公司的了解程度存在明显的不对称。上市公司年报是投资者全面了解上市公司的主要信息载体，除了财务数字信息外，还涵盖公司当前的经营状况、面临的风险、未来发展前景、战略规划、重大事项及董监高具体情况与行为等诸多关键文本信息，对投资者准确地作出公司估值十分重要。上市公司内部高层管理人员负责公司的日常经营管理，能够清晰确切地掌握这些信息，而外部投资者则难以全面综合了解公司的诸多关键信息，只能凭借自己以往的经验认知判断上市公司的运营状况，同时推定所有上市公司的平均运营情况。此时，投资者愿意按照所有上市公司的平均运营状况确定股价，运营状况高于平均水平的上市公司因得不到准确和预期的估价而逐步减少披露更多的公司信息，甚至退出市场另辟蹊径重新融资，而运营状况低于平均水平的上市公司因股价高于预期值而愿意留下进行融资。接着，由于运营状况好的公司退出市场，投资者会再次降低股价，进一步驱使运营状况次好的上市公司退出市场，出现"劣币驱逐良币"的畸态，最终运营状况最差的公司留在证券市场。

此外，信息不对称还带来了道德风险问题，即交易双方在签订交易协议后，其中一方（代理人）利用多于另一方（委托人）的信息优势，在使其自身利益最大化的同时损害另一方（委托人）的利益。由于契约的不完备性和信息的非对称性，道德风险在证券市场中相当普遍。就上市公司年报文本信息披露而言，公司股东与经理签订委托代理协议后，股东并未真正参与公司实际的经营管理，因而股东无法直接观测到经理人的工作状况，只能以利润、销售额等经营成果推测经理人的努力程度，而这些能够观察到的结果并非完全取决于经理人的工作，还受到外界市场条件、政策等随机因素的影响。公司股东无法准确区分决定公司绩效的是经理人的努力还是随机因素，而公司经理却掌握了这部分信息并具有优势。由此，对于能从更全面、更综合的角度反映公司整体状况的年报文本信息来说，公司经理享有披露主动权，通常会选择性地披露年报文本信息，以使其自身效用最大化而不考虑股东利益，即通过隐匿不良信息来试图隐藏工作的失败；通过夸大有利信息，向股东彰显其经营成果；通过模糊年报文本信息，混淆股东对公司的认知；有时通过延迟披露甚至不披露，降低或避免不良信息冲击等。这些披露机会主义行为隐匿了部分公司的重要信息，一定程度上加剧投资者的决策障碍，给投资者带来了更大的利益损失和风险。

可见，信息不对称带来的逆向选择和道德风险，导致了股价扭曲和证券市场失衡，影响了资本市场资源配置功能的正常发挥，由此，进一步说明了上市公司有效信息披露的必要性和价值意义。除了市场、声誉与信任等隐性激励机制外，充分建立外部强制执行力的监督激励机制，即资本市场外部监管机制，也成为破解由信息不对称造成的证券市场失灵等问题的必然手段（黄世忠等，2002；孙天琦，2012）。通过加大证券市场对上市公司信息披露的外部监管力度，尤其强化交易所的一线监管作用，进一步提升上市公司信息披露制度建设，才能更好地保证信息披露的真实、准确与完整，从而建立投资者信心，矫正和降低信息披露当中的逆向选择和道德风险，提高整体证券市场资源配置效率。信息不对称理论不仅阐释了信息披露的重要性，也实际指出了证券市场监管机制对降低信息不对称的重要职责与价值所在。图 3.3 具体展示了信息不对称、证券交易所年报问询与上市公司年报文本信息披露的关系。

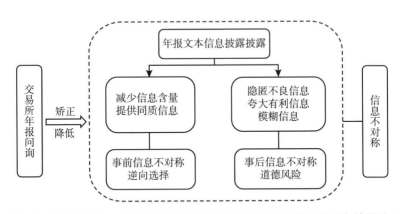

图 3.3　信息不对称、证券交易所年报问询与上市公司年报文本信息披露关系

3.2.3　基于印象管理理论的分析

印象管理（impression management）源自社会心理学，是指人们有意识地运用一些方式或技巧试图管理影响他人对自己印象形成的过程。最早考夫曼（Goffman，1959）在其《日常生活中的自我表现》一书中指出，在社会互动当中，人们总是倾向于展示一种吻合当前社会情境或人际背景相吻合的形象，以期给他人留下好印象或得到他人的良好评价。该书为印象管理的后续研究奠定了基础，20 世纪 80 年代之后，随着相关研究的不断展开和深入，印象管理的运用逐步被扩展至更多的研究领域。一般而言，处于一定社会环境的人们并非总是被动地接受环境，也会主动地试图按自身意愿去影响周围的环境，主动改变他人对自己的认知，建立自身理想的形象。人们会普遍努力向他人展现自己的长处或彰显自身魅力，以赢得他人的认同和积极评价；或尽可能弱化自己的缺点和不足，避免给他人留下不良印象（Leary & Kowalski，1990）。将印象管理理论扩展至企业，企业的印象管理则是管理层有意或无意地试图操纵和控制企业信息使用者的印象的行为（孙蔓莉，2004）。

上市公司年报是投资者直接了解上市公司的重要信息来源，除了财务报表中的数字信息之外，叙述性的文本信息占据大量篇幅。虽然财务数字信息对于投资者判断公司经营状况十分重要，但年报文本信息能够反映出公司组织文化、未来前景、公司竞争风险及公司社会形象等财务数字信息所不能传达的诸多重要信息，其对投资者同样起着举足轻重的作用。年报文本信息语义内涵的丰富性、陈述方式的灵活性以及其弱监管性，为公司管理层隐蔽操控提供了极大的可能与空间（Leung et al.，2015；王克敏等，2018；Laidroo & Joost，2018）。加之公司与外部投资者之间存在的信息不对称，因而管理层有极强的动机美化或操控披露年报中的叙述性文字信息，以期影响年报信息使用者对公司的整体印象及投资行为。可以说，印象管理在上市公司年报文本信息披露中普遍存在。

与财务数字信息相比，年报文本信息具有一定的复杂性，使得公司管理层在年报文本信息披露中的印象管理方式也具备多样性。自利归因是常见方式之一，即在年报文本信息披露过程中，公司管理层为了规避责任和保护自身，有意将正面的、有利的信息归于自身主观因素，以凸显个人成绩；而将负面的、不利的信息归咎于无法控制的外部因素，以掩饰实际问题。以经营业绩为例，具体来说，当经营业绩较好时，管理层会主动强调其经营管理工作的努力与贡献，很少提及市场环境等客观因素对经营业绩的促进作用；当经营业绩变差时，管理层则会刻意着重描述外部因素对公司业绩的不利作用，较少从自身分析业绩下降的原因。自利归因有悖于信息客观性原则，是对客观事实的歪曲解释，失真的信息加剧了信息不对称，难以被使用者有效使用。此外，调整文本信息可读性也是一种常见方式。可读性就是文本信息的可理解性和明晰性，直接关乎年报信息传递效率和投资者的解读效果。当业绩较好时，管理层会有意提供简明易懂的年报文本信息，希望年报使用者更为清晰地了解该业绩；而当业绩较差时，或公司进行了对财务数字的盈余管理后，管理层会专门增加专业词语比例或运用复杂句式，来提高年报使用者的阅读难度，以掩盖业绩变差的事实（叶勇和王涵，2018）。

另外，管理层也会通过操纵文本信息语调实施印象管理，文本信息的积极语调能营造良好的市场氛围，构建公司业绩、前景良好的形象和表征，引导投资者对公司的认知。公司管理层在披露年报文本信息时，会试图更多地运用乐观的描述性语言，以放大好消息的传递，或由此掩饰公司未来可能发生的财务危机等坏消息（苗霞和李秉成，2019；周波等，2019）。为了分散投资者注意力并隐瞒业绩不佳的消息，公司管理层还会尽可能减少年报中的叙述性信息，或者增加重复性、形式化或无关紧要的信息披露来代替有价值的增量信息，即管理层通过降低年报文本信息含量这种印象管理策略试图达到掩盖敏感信息的目的（Leung et al.，2015；Ben – Amar & Belgacem，2018）。此外，管理层还可能通过策略性选择语言修辞手法、有倾向性的内容说明以及改善文字视觉体验等方式，有意识地利用披露报告进行印象管理。印象管理并无好坏之分，有时是习惯性或无意识的自然行为，但管理层有导向地进行年报文本信息披露操控，使得年报文本信息披露难以真正遵循真实、准确和完整的披露原则要求，从长期来看，必然有损于投资者的利益和证券市场信息传递。因而，对其进行有效证券市场监管，最大程度上强化外部监管力量对公司信息披露的约束和规范，是使投资者获取无偏的、真实的和有价值的公司信息之重要保证。图 3.4 具体展示了印象管理、证券交易所年报问询与上市公司年报文本信息披露之间的关系。

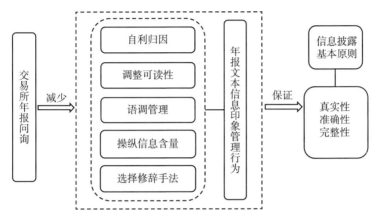

图 3.4　印象管理、证券交易所年报问询与上市公司年报文本信息披露关系

3.3　证券交易所年报问询影响上市公司年报文本信息披露的机理分析

上市公司信息披露直接关乎证券市场信息透明度和有效健康运行，是实现信息平等分享、缓解委托代理问题及降低信息不对称的重要方式。从《证券法》的历次修订来看，"真实、准确、完整"一直都是上市公司信息披露的基本原则，2020 年实施的新《证券法》中进一步将"简明清晰，通俗易懂"纳入信息披露要求①。证监会发布的《上市公司信息披露管理办法》在信息披露三大基本原则的基础上，又额外提出了"及时、公平"的原则。"真实、准确、完整"均是对上市公司披露的信息内容进行约束和规范，而"及时、公平"则是对上市公司信息披露程序的要求②。年报是上市公司信息披露的主

---

① 《深圳证券交易所股票上市规则》对"准确"原则的解释包括"简明扼要，通俗易懂"，新《证券法》在信息披露规定中将"简明清晰，通俗易懂"单独列出，更加突出了对文本信息可读性的要求。

② 新《证券法》第八十二条明确指出"发行人及时、公平地披露信息，所披露的信息真实、准确、完整"，可以看出其对上市公司信息披露的程序要求和内容要求。

要载体，文本信息作为年报中不可或缺的组成内容，应当遵循信息披露的基本原则，具备真实性、准确性和完整性。因此，本书重点基于"真实、准确、完整"的基本原则框架，讨论证券交易所年报问询对上市公司年报文本信息披露的影响。

3.3.1 交易所年报问询直接影响公司年报文本信息披露的机理分析

与数字信息相比，文本信息形式更为灵活，且内涵丰富，为上市公司提供了较低成本的信息传递机制，因此，管理层会主动或被动地披露文本信息。虽然上市公司信息披露基本原则对披露的信息内容进行了整体规范，但由于文本信息的复杂性和特殊性，文本信息披露使用的词语、用语等没有明确具体的要求，因此，即使是形式上符合基本原则，其实质上也可能并未真正满足基本原则的要求。而真正违反该原则触及证监会处罚红线的公司占少数，大多数公司的信息披露都处于尚未达到处罚标准的监管灰色地带。证券交易所问询作为一种预防性和非处罚性监管，能及时发现并纠正上市公司的信息披露偏差、降低公司违规风险，对尚未达到"直接处罚标准"的披露问题（主要为披露不准确或披露不全），进行直击要害的询问，并要求公司及时改正、补充并完善，直至公司真实、准确、完整地披露。

针对上市公司年报信息披露的审核中，证券交易所会关注年报格式及内容的齐备性、语言文字是否简明易懂等传统事项。2018 年 5 月 18 日，深交所对广东甘化（股票代码：000576）的年报问询函要求其"按《公开发行证券的公司信息披露内容与格式准则第 2 号——年度报告的内容与格式》第二十七条的规定，补充披露报告期营业成本的主要构成项目"。2018 年 5 月 29 日，深交所对世纪星源（股票代码：000005）的年报问询函要求该公司"用简明易懂的文字列表说明涉及南油福华项目的诉讼及仲裁的主要争议点"。此外，证券交易所问询还会重点审查披露的年报文本信息内容是否真实客观、是否充分完整等影响投资者判断的重要问题。2019 年 4 月 18 日，深交所对宝德股

份（股票代码：300023）发放年报问询函，质疑其披露信息的真实性并提出
"说明你公司在披露签署股权转让协议时作出的前述声明是否属实"的要求。
上交所于 2019 年 5 月 30 日对西藏天路（股票代码：600326）年报问询函要
求公司进一步完善披露内容，即"就研发支出的具体投向及涉及项目进行补
充说明"。诸多问询实践表明，证券交易所通过年报问询及时督促义务人真
实、准确、完整地履行年报披露义务，保证上市公司将信息披露基本原则落
到实处，最大程度促进和改善上市公司年报文本信息披露。

　　从理论上分析，一方面，证券交易所年报问询通过发挥监督机制约束管
理层机会主义行为，直接增强管理层的信息供给，促使其提高年报文本的信
息披露。证券交易所针对公司真实性存疑、模糊不清晰或披露不完整的年报
文本信息进行直接询问，并要求上市公司在规定的时间内进行回复，若公司
逾期不予回复或未进行合理解释说明，交易所可以作出相关纪律处分，甚至
将违法线索移交证监会，使其付出巨大代价和违规成本。证券交易所年报问
询函还会专门要求公司董事会或独立董事对相关问题发表意见，进一步增加
公司内部人员的压力与动力，加大其对公司的管理力度（Hesarzadeh，2020），
促使其对公司后续的年报文本信息披露实施更严格谨慎的内部监控程序。此
外，在证券交易所一线监管地位逐步提升的背景下，证券交易所年报问询对
公司无疑具有较强的治理效力和威慑力（陈运森等，2019）。因此，收到交易
所问询函后，公司管理层为了避免后续进一步被问询、调查或处罚，其最优
策略就是主动降低隐匿披露、虚假披露或模糊披露等机会主义行为，发挥其
主观能动性，充分进行年报文本信息披露，为外界公众提供更为真实、准确、
完整的年报文本信息。

　　另一方面，证券交易所年报问询通过发挥市场机制提高上市公司披露违
规成本，降低管理层的信息操纵，促使其提高年报文本信息披露，改善信息
环境。证券交易所年报问询向证券市场参与者释放上市公司年报信息披露存
在漏洞和不足的信号，由此市场会对公司作出明显的负向反应（Dechow，
2016）；内部人大量减持被问询公司股票（李琳等 2017）；审计机构为了降低
审计风险和维护自身声誉，会实施更为严格的审计程序，同时增加其对被问

询公司的审计收费（Gietzmann & Pettinicchio，2014；陈运森等，2018b）；加剧被问询公司的融资约束，提高公司融资成本（胡宁等，2020）。此外，交易所年报问询还会给被问询公司带来声誉损失，降低投资者及其他社会公众对公司披露的年报文本信息的信任度。由于证券交易所年报问询传递出公司信息披露的负面信号，很大程度增加了上市公司年报信息披露的违规成本，而公司违规成本和市场压力的增加则倒逼管理层降低信息操纵，选择更为真实客观地公开内部信息，并提供能让信息使用者准确解读的更多价值信息，改善年报文本信息披露，降低后续被进一步问询或调查的可能性。基于上述分析，本书进一步构建了证券交易所年报问询对上市公司年报文本信息披露的直接影响理论框架，如图 3.5 所示。

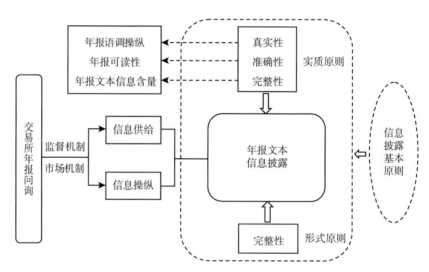

图 3.5　证券交易所年报问询直接影响上市公司年报文本信息披露的理论框架

3.3.2　交易所年报问询间接影响公司年报文本信息披露的机理分析

上市公司年报中的数字信息主要反映了公司财务数据等各项经济指标，而文本信息不仅是数字信息的有益补充，也能传递数字信息所不能表达的信息，二者不可分割，共同组成了年报信息披露的重要内容，这为讨论交易所年报问询对上市公司年报文本信息披露的间接影响提供了依据。相对于文本信息的复杂多样，数字信息的传达方式更为单一明确，大部分年报数字信息披露都遵循了"完整"的形式原则，即内容完整、文件齐备、格式符合规定要求且没有重大遗漏。因而，证券交易所对公司年报数字信息的披露更多地关注其在实质上是否具有真实性和准确性。例如：上交所 2019 年 5 月 10 日对福田汽车（股票代码：600166）的年报问询函要求公司核实"近两年的会计数据和财务指标中，流动比率和速动比率的数据准确性"。深交所 2019 年 7 月 1 日对大港股份（股票代码：002077）发放的年报问询函要求公司说明"以前年度商誉减值准备计提的充分性和准确性"。此外，证券交易所还会针对公司会计处理是否符合相关准则要求等关键问题进行询问。深交所 2020 年 3 月 13 日对宜通世纪（股票代码：300310）的年报问询函明确要求"说明出售倍泰健康股权事项的会计处理是否符合企业会计准则相关规定，是否存在突击交易调节利润的情形"等。可见，证券交易所年报问询也是对公司年报财务数字信息披露进行监管的一种重要方式和手段。

真实、准确的年报数字信息披露意味着较少的数字信息操纵，因而证券交易所对于数字信息披露必然重点关注数字信息操纵。证券交易所年报问询通过发挥监督机制及时地削弱了管理层数字信息操纵，提高其对年报财务数字信息的披露。由于年报数字信息具有表达的明确性，证券交易所对其的问询针对性较强。据本书统计，几乎每一份交易所年报问询函中都包含上市公司财务数据缺失、异常、模糊或会计处理存疑等问题，涉及财务指标计算、大额资产处置、收入确认、应收账款细节问题、集中计提减值等财务数字信息的方方面面，涵盖内容十分广泛。通过年报财务数据披露全方位、无死角式地问询监管，直接减少了管理层进行财务数字信息操纵的动机与可能（Blackburne，2014）。此外，证券交易所年报问询函会专门指出，要求事务所或审计师针对会计处理等相关财务问题发表明确的结论性意见。经此要求后，会计师事务所或审计师考虑自身声誉和为了避免持续性被问询，会加大对公司年报数字信息披露的监督力度，管理层对年报数字信息操纵的空间进一步下降。由此，证券交易所与审计师等公司外部治理机制形成监督合力，极大地削弱了管理层的信息操纵动机，降低其对年报数字信息的操纵行为，进而保证年报数字信息披露的真实性、准确性和完整性。

作为管理层实施年报策略性信息披露的两种重要手段，年报文本信息相对于数字信息具有逻辑表达的复杂性，为管理层操纵信息提供了更为隐蔽的空间。而数字信息操纵与文本信息操纵并非总是独立存在的，文本信息操纵很可能就是管理层实施数字信息操纵的另一种的手段（王克敏等，2018）。为了更好地配合辅助数字信息操纵行为，通常管理层会联动调整文本信息披露，且两者的操纵意图和方向具有一致性（Huang et al.，2014；王华杰和王克敏，2018）。年报财务数字信息操纵通常表现为管理层利用某些手段有意调整公司盈余的机会主义行为。相比财务数字信息，叙述性的文本信息具有更强的解释能力，此时，管理层为了掩盖盈余操纵，往往会同时配合调整年报文本信息的整体情绪偏向，对操纵后的盈余提供合理性的解释和依据[①]，引导投资者的价值判断（朱朝晖和许文瀚，2018）；或者增加文本信息的复杂程度和文本阅读难度，以此提高投资者和其他市场参与者的年报信息解读成本，使其难以识别管理层机会主义行为（Ajina et al.，2016；Lo et al.，2017）；或者增加重复性、无增量价值的信息披露，以降低投资者对其年报的关注度，进而达到掩盖管理层盈余操纵的目的。证券交易所年报问询可以及时遏制管理层对年报数字信息的操纵行为，而管理层数字信息操纵的降低又进一步削弱了公司年报文本信息操纵的动机，进而间接促进了公司年报文本信息的披露。可以说，管理层年报数字信息操纵在交易所年报问询与年报文本信息披露的关系之间起到一定的传导机制作用。基于上述分析，本书进一步构建了证券交易所年报问询间接影响上市公司年报文本信息披露的理论框架，如图 3.6 所示。

---

① 证监会 2021 年 1 月 6 日对于宁波东力（股票代码：002164）作出的行政处罚决定认定其 2017 年年度报告存在虚增收入和利润的行为。基于该公司披露的年报文本信息，本书进一步对其进行了语调分析，发现该公司 2016 年、2017 年及 2018 年的净乐观语调量化值分别为 0.85、0.90 和 0.37（取值越大表示越乐观，具体计算详见第四章），可以看出该公司 2017 年年报文本语调存在明显的向上调整。

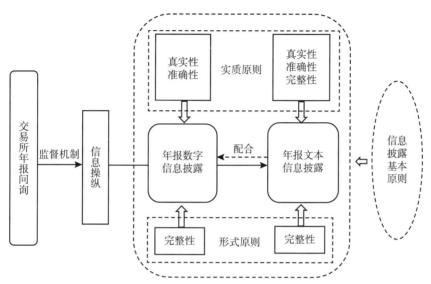

图 3.6 证券交易所年报问询间接影响上市公司年报文本信息披露的理论框架

第 4 章

证券交易所年报问询对上市公司年报
语调操纵影响的实证分析

4.1　研究问题的提出

随着我国信息披露制度的日趋完善，上市公司文本信息披露内容逐步完善并丰富，相对于标准化的数字信息，文本信息表达更有弹性和灵活性，因而更具沟通优势。文本语调体现了公司管理层文本信息披露的整体情感倾向，既能反映公司未来的业绩预期，又能体现暗含于语言文字信息当中的"言外之意"，有助于投资者更好地理解公司行为（Ferreira et al.，2019；Bochkay & Levine，2019；Druz et al.，2020）。我国处于高语境传播的环境（Hall，1976），文本语调在信息传递中的作用尤为突出，资本市场参与者往往会关注文本语调，市场也会对其作出反应（林乐和谢德仁，2016；Boudt et al.，2018；杨七中和马蓓丽，2019）。然而，文本语调并非完全真实可靠，其监管难度大且可操纵性强，很可能是公司管理层隐匿不良信息或施行印象管理的自利手段（Huang et al.，2014；黄超和王敏，2019）。年度报告是投资者获取公司信息的主要来源，其在信息披露中占据重要地位，年报语调直接关系到投资者的年报信息解读。因此，掌握信息优势的公司管理层往往具有强烈的动机操纵年报语调，以期策略性地引导投资者决策。年报语调操纵加剧了信息的不对称，误导了投资者对公司的价值判断和印象，有悖于信息披露"真实性"的基本原则。可以说，保证年报语调的真实性和无偏性对于促进上市公司整体年报文本信息披露、保护投资者利益至关重要。

2013 年沪深两证券交易所正式全面推行信息披露直通车制度改革，一线监管工作重心由"事前审核"转为"事后监管"，证券交易所问询则是事后监管的一项重要手段。在我国证券市场监管转型背景下，证券市场监管更加重视发挥证券交易所的一线监管职能，证券交易所问询函逐步向社会公众公开，问询监管的范围和内容也进一步拓宽和严格，且威慑力也不断增强。在年报信息披露审核中，证券交易所对公司行业发展、经营状况、会计处理、合规运作等方面多角度、全方位地进行询问，只要有损于信息披露基本原则的错误或漏洞，都会成为交易所问询和关注的重点。通过一轮或多轮问询，督促上市公司充分披露年报财务和非财务信息，保证信息披露的真实、准确、完整原则落地。那么，针对上市公司年报文本信息语调操纵，证券交易所年报问询能否真正发挥有效的约束和监管作用呢？能否切实提升年报文本语调的真实性和可信度？这些问题值得深入研究。因此，本章围绕证券交易所年报问询对上市公司年报语调操纵的影响及影响机制这一问题作深入分析讨论，以期填补现有研究的空白，同时为进一步促进上市公司年报文本信息披露和提高证券交易所的外部公司治理效力提供一定的证据支持和理论参考。

4.2　理论分析与研究假设

由于委托代理问题的普遍存在，上市公司管理层利用信息优势往往会策略性地披露年报信息。上市公司年报语调处于证券监管的灰色地带，与年报数字信息操纵相比，管理层年报文本信息的语调操纵具有较高的隐蔽性和低成本性，年报语调操纵由此成为公司管理层侵害诸多投资者利益的一种有效方式。从证券交易所监管层面讲，证券交易所作为证券市场一线监管机构，是促进信息有效披露的第一道保障。在监管转型的背景下，证券交易所一线监管的主体地位近年来得到明显提升，尤其《证券法》中明确规定，证券交易所应当对信息披露义务人的信息披露行为进行监督；《证券交易所管理办法》中也明确指出，证券交易所可以实施自律监管措施或者纪律处分。凭借可依赖的、确切的监管基础，年报问询作为证券交易所实施自律监管的重要措施之一，具备了一定的威慑力，这种监管威慑力能明显约束和减少公司后续年报语调操纵。同时，沪深两证券交易所明确将是否按期限如实回复问询函认定为上市公司信息披露质量的重要考核标准，由此进一步提高上市公司对问询函的重视程度，这在一定程度上约束了公司年报语调操纵行为。此外，与行政处罚性监管相比，证券交易所问询监管具有明显的及时性。针对难以明确统一规范的年报文本信息披露及其中"尚未达处罚标准"的任何披露问题，交易所可以在第一时间发现并对相应公司进行详细的一轮甚至多轮问询，及时地警示、遏制和纠正管理层在信息披露中的机会主义行为，有效地降低上市公司的年报语调操纵。

从证券交易所年报问询对公司的治理效应讲，作为一种重要的外部治理方式，证券交易所年报问询可以明显改善公司披露信息缺陷（Wang，2016）。问询制度建立了证券交易所与上市公司之间的直接沟通渠道，将问询函向社会公众公开，进一步搭建了市场信息公开透明的桥梁，引发或增强社会媒体、中介机构以及机构投资者等众多证券市场参与者的共同治理（Bozanic et al.，2017）。监管压力、市场压力以及社会舆论压力形成的监督合力，进一步强化了证券交易所年报问询的治理效应，极大地弱化了管理层年报语调操纵动机，促使其揭示原本试图隐匿的"坏消息"，避免年报文本信息被过于乐观地粉饰和歪曲披露，保证年报文本信息披露的真实性。从信息披露义务人自身来讲，公司管理层作为最主要的信息披露义务人，需要对年报信息披露的真实性、准确性和完整性负责。受到交易所年报问询监管的公司会被其利益相关者格外关注且具有一定的声誉损失，公司管理层在未来年报披露中的机会主义行为将会面临更高的风险和成本，由此主动减少其对后续年报语调的操纵行为。可以看出，证券交易所年报问询无疑会对公司年报语调操纵发挥直接有效的约束和抑制作用。

针对年报信息披露，证券交易所会审查和关注年报中的财务数字信息是否与文本信息描述具有一致性。例如，2019 年 5 月 8 日，邦讯技术（股票代码：300312）收到深交所发放的年报问询函中提出"公司经营的各款游戏的收入确认金额与公司年报中对相关游戏业务的描述是否一致"。因此，年报中财务数字信息与文本信息具有一定的关联性和配合性。年报语调在一定程度上能够反映公司业绩状况等财务信息，本章认为证券交易所年报问询除了直接降低年报语调操纵外，也可能会通过影响年报数字信息披露进而间接地发挥抑制年报语调操纵的作用。证券交易所对年报数字信息的关注集中于真实性和准确性，而真实、准确意味着公司管理层较少的数字信息操纵。因此，数字信息操纵势必会是证券交易所问询监管关注的焦点。年报问询函对数字信息披露问题的认定十分明确，在质疑数字信息错误或偏差时，会要求公司进行全面核实并有针对性地予以更正或详细解释缘由。诸多研究表明，证券交易所年报问询能有效识别并降低公司财务报告盈余操纵，提高公司财务信息披露质量（Duro，2019；刘柏和卢家锐，2019；陈运森等，2019）。由于文本信息描述应当在某种程度上与数字信息相匹配，因而，财务数字信息操纵往往联动了文本信息的操纵（王克敏等，2018）。因此，当证券交易所年报问询明显降低管理层财务数字信息操纵时，其必然会间接地削弱公司年报语调操纵。

综上所述，证券交易所发挥其一线监管的遏制和矫正功能，通过发放年报问询函直击年报信息披露问题，既能够直接降低年报语调操纵，促进上市公司年报文本信息披露的真实性；也能够通过约束年报数字信息操纵削弱年报语调操纵动机，进而间接地降低年报语调操纵，最大程度地保证年报文本信息披露趋于真实。基于上述分析，本章提出以下研究假设：

H4 - 1：证券交易所年报问询会显著降低上市公司年报语调操纵。

　　年报语调操纵和年报数字信息操纵从本质上讲都是对原始真实信息的粉饰和策略性调整。在实践中，数字信息操纵多数表现为管理层虚增利润的盈余操纵行为，而外部审计作为数字信息的首要鉴证关口，其对盈余操纵行为具有较强的制约和监督，管理层对年报数字信息进行虚假操纵的空间有限。由于年报数字信息受到众多资本市场参与者的直接关注，因此，管理层操纵数字信息具有较高的被揭穿风险。与数字信息相比，文本信息具有难以验证性，因而其真实性在短期较难被证实（Baginski et al.，2015）。由此，管理层更容易过度渲染年报语调，即通过年报文本语调的情绪倾向，有意引导投资者的决策判断。同时，年报语调信息不受审计师的审计监督且难以明确受到信息披露制度的严格约束，其更可能被公司内部人用于信息操纵，以实现自身利益（曾庆生等，2016）。积极的年报语调能够反映出公司较好的业绩状况及管理层乐观的情绪倾向，在年报文本信息披露时，尤其是公司业绩较差时，公司管理层通常有意使用较多的积极词语，以试图促进年报信息使用者对公司年报信息的积极反应（Beretta et al.，2019）。可以说，相对于受到较强监管的年报数字信息操纵，年报语调作为一种低成本的信息传递机制具有较大的可操纵空间，因而上市公司管理层会更可能较多地操纵粉饰年报语调而非数字盈余，使年报语调偏离真实信息描述，以实现股价上涨、更多的融资机会、更高的薪酬和个人声望等自利目的。年报数字信息操纵通常需要同时发挥文本信息的配合效应，管理层往往会联动操纵年报语调，用来掩盖数字信息的不真实（Huang et al.，2014；王华杰和王克敏，2018）。因而，当年报数字操纵的空间和可能性较小时，随之联动的年报语调操纵行为也会较少。因此，可以预期，与通过约束数字信息操纵进而间接降低年报语调操纵相比，证券交易所年报问询会更多地直接降低上市公司年报语调操纵。由此，基于上述分析，本章提出以下研究假设：

　　H4－2：与间接影响相比，证券交易所年报问询对上市公司年报语调操纵的直接影响占主导地位。

4.3　研究设计

4.3.1　数据来源与样本选取

本章以 2015 年作为研究的起始时间①，选取 2015～2018 年②我国 A 股上市公司为研究样本，并对初始样本进行了如下筛选：（1）剔除金融行业样本；（2）剔除 ST、*ST 及 SST 类样本；（3）剔除数据缺失的样本。经上述处理，最终获得样本公司 4 年非平衡面板数据，共计 8 653 个有效公司年观测值。本章主要财务数据均来源于 CSMAR 数据库，上市公司年报和证券交易所年报问询函文本均由 Python 语言分别爬取自上交所和深交所官方网站。由于年报中反映管理层情绪的词语基本集中在"管理层讨论与分析"部分③，因此，为了更为准确地获取上市公司年报语调信息，本章提取年报中最具代表性的"管理层讨论与分析"部分作为语调分析的基础语料④。为了克服异端值的影响，本章对连续变量均进行了 1% 及 99% 分位的 Winsorize 处理。

---

① 沪深两证券交易所虽然均自 2014 年 12 月开始公开问询函，但 2014 年尚未公布年报问询函。需要明确的是：2015 年证券交易所问询的对象是 2014 年的年度报告，而本书主要研究证券交易所年报问询对公司下一年报披露的影响，因此，实证数据的起始选定为 2015 年。

② 《上市公司信息披露管理办法》中明确要求上市公司年度报告应当在每个会计年度结束之日起 4 个月内完成编制和披露。由于我国上市公司 2019 年年报普遍推迟披露，即 2020 年 4 月 30 日之前完成披露的年报数量不全，因此，为了保证数据的完整性和连续性，本书仅选取至 2018 年年报。

③ "管理层讨论与分析"这部分内容通过大量的语言文字描述向外界展示了公司管理层对公司过去年度经营状况的总结分析以及对公司未来年度的前瞻性展望，直接展现了公司管理层的情绪、态度与信心，对投资者准确感知和理解公司年报信息尤为重要。

④ 我国上市公司年报编报格式不断修订，2014 年及之前，"管理层讨论与分析"归属于上市公司年度报告中的"董事会报告"章节，2015 年及之后，"管理层讨论与分析"则被独立列为"经营情况讨论与分析"章节。

4.3.2　变量设定

（1）年报语调操纵的度量。

①年报文本语调①。在度量年报语调操纵之前，需要先测度年报文本语调。关于文本情感语调分析，现阶段存在两种主流做法：第一种是字典法，其基本原理是根据特定的情感词典或词表中列示的乐观和悲观等特征词匹配对象文本，匹配后的结果即为文本语调（"乐观"和"悲观"语气词数量）。对于中文文本词语极性的分析和情感词典构建目前已较为成熟，主要中文词典有台湾大学《中文情感极性词典》（NTUSD）、《知网》情感分析用词语集（HOWNET）、大连理工大学《中文情感词汇本体库》（DLUTSD），这些词典基本都为通用词典（大多是形容词或副词），并未有针对性地考虑金融财务领域词语的特点，因而较难适用于公司年报文本分析。洛克伦和麦克唐纳（Loughran & Mcdonald，2011）基于财经文本构建了专门针对金融领域的英文情感字典，并受到国内相关研究的广泛运用，如曾庆生等（2018）、周波等（2019）、李世刚和蒋尧明（2020）等的研究。但由于中英文存在语言差异，且国内外上市公司年报等金融文本也具有差异性，因此，其对于国内财经文本语调分析的适用性难免会有所降低。上海交通大学李峰教授团队以 NTUSD、HOWNET 和 DLUTSD 三种中文词典作为初始词典，以公司在线路演纪要、业绩说明电话会议纪要、招股说明书和公司年报建立基础语料库，基于算法和人工判断，使用多阶段剔除法构建了《中文财经情感词典》（CFSD），这是目前为止公开的第一部针对中文财经领域文本情感分析的字典（Bian et al.，2019）。第二种是机器学习，其主要过程是基于朴素贝叶斯、支持向量机等算法让计算机对预先给定的训练集进行不断学习，确定文本情绪语调的分类规则，并以此为基础应用于对象文本作语调分析。该方法要求事先设定准确有

---

① 结合以往研究，本书所指的"语调"为文本信息中所表达出的乐观（积极）或悲观（消极）的情绪倾向，其不同于日常生活中所指的说话的音调以及英文中的升调、降调等。

效的训练集，工作量较大、专业性要求较高且结果可验证性不高。

因此，本章选用当前应用最为广泛且普适性较好的字典法测度年报文本语调，同时，由于分析对象为上市公司年报文本，借鉴边等（Bian et al.，2019）的研究，本章选取专业性和针对性较强的《中文财经情感词典》（CFSD）作为语调分析的基础，其中包含 1 489 个悲观词语和 1 108 个乐观词语。基于 CFSD 词典，进一步利用 Python 中的 jieba 分词包对"管理层讨论与分析"文本进行分词，确定并统计"乐观"和"悲观"出现的词频。参考谢德仁和林乐（2015）、陈艺云（2019）等研究，本章测度年报文本净乐观语调（Tone）=（乐观词汇数量 – 悲观词汇数量)/(乐观词汇数量 + 悲观词汇数量)，该变量的取值范围为 [–1，1]，取值越接近于 1，表明年报文本语调乐观倾向越大。

②年报语调操纵。黄等（Huang et al.，2014）将年报文本语调分解为一个正常的组成部分和异常的组成部分，其中正常部分反映当前文本信息的客观描述，异常部分则代表管理层文本语调策略性操纵，意图引导或误导投资者判断。基于此，同时借鉴王华杰和王克敏（2018）的研究，本章构建以下两个模型分别对年报净乐观语调（Tone）进行年度横截面回归，并以此测度年报语调操纵。模型（4.2）与模型（4.1）的区别在于模型（4.2）考虑了公司未来业绩的影响，具体模型构建如下：

$$Tone_{it} = \beta_0 + \beta_1 Roa_{it} + \beta_2 Ret_{it} + \beta_3 Size_{it} + \beta_4 Btm_{it} + \beta_5 Std\_Ret_{it} + \beta_6 Std\_Roa_{it}$$
$$+ \beta_7 Age_{it} + \beta_8 Loss_{it} + \beta_9 Droa_{it} + \varepsilon \tag{4.1}$$

$$Tone_{it} = \beta_0 + \beta_1 Roa_{it} + \beta_2 Ret_{it} + \beta_3 Size_{it} + \beta_4 Btm_{it} + \beta_5 Std\_Ret_{it} + \beta_6 Std\_Roa_{it}$$
$$+ \beta_7 Age_{it} + \beta_8 Loss_{it} + \beta_9 Droa_{it} + \beta_{10} Roa_{it+1} + \varepsilon \tag{4.2}$$

模型（4.1）和模型（4.2）回归所得的残差即不能被解释的异常乐观语调，以此衡量年报语调操纵（Abtone 和 Abtone_F）。其中，Tone 为年报净乐观语调，Roa 为当期业绩，Ret 为当年 12 个月持有到期收益率，Size 为公司年末总市值的自然对数，Btm 为当期账面市值比，Std_Ret 为个股月度收益率的标准差，Std_Roa 为过去五年公司业绩的标准差，Age 为公司上市年限加 1 并取对数，Loss 为虚拟变量，当年亏损为 1，否则为 0；Droa 为公司 t 期净利润与

$t-1$ 期净利润的差值，再除以 $t-1$ 期总资产。

（2）证券交易所年报问询的度量。本章借鉴布朗等（Brown et al.，2018）及李晓溪等（2019a）的相关研究，将证券交易所年报问询变量定义为虚拟变量（Inq），即当年上市公司收到年报问询函时取值为 1；否则，取值为0。根据年报信息披露问题的复杂程度，证券交易所有时会在同一年对同一上市公司进行多轮问询，为了保证数据的统一性，本章仅保留当年上市公司收到的第一封年报问询函。此外，为了更为详细地研究交易所年报问询对上市公司年报语调操纵的影响，本章进一步设定证券交易所年报问询特征变量，以反映当年证券交易所问询的严重程度：当年收到年报问询函的次数（Inq_Num）；当年收到年报问询函中的问题个数（$Ques\_Num$）；当年收到年报问询函中问题的平均字符数（$Ques\_Char$），当年上市公司收到年报问询函的次数越多、年报问询函中包含的问题数越多以及问题的平均字符数越大（问题越长），当年受到的问询严重程度就越大。此外，证券交易所年报问询还会要求"会计师事务所、律师事务所等中介机构发表专业审核意见"，本章以此设置虚拟变量（$Verify$），即当年上市公司收到的年报问询函要求"中介机构发表专业审核意见"时取值为 1，否则取值为 0。

（3）数字信息操纵的度量。管理层年报数字信息操纵最常见的表现就是对年报盈余信息的操纵，即盈余操纵。而应计操纵是公司利用会计估计的自由裁量空间对年报盈余进行调整、实现盈余操纵最为主要的手段（李宾和杨济华，2017；黄华等，2020）。可以说，应计操纵是能够有效反映公司管理层盈余操纵的关键指标。因此，本章采用波尔和库瓦库玛（Ball & Shivakumar，2006）的非线性琼斯模型测度应计操纵水平，以此反映管理层数字信息操纵。具体计算公式如下：

$$\frac{TA_{it}}{A_{it-1}} = \alpha_0 + \alpha_1 \frac{\Delta REV_{it}}{A_{it-1}} + \alpha_2 \frac{PPE_{it}}{A_{it-1}} + \alpha_3 \frac{DVAR_{it}}{A_{it-1}} + \alpha_4 \frac{DVAR_{it} \times CFO_{it}}{A_{it-1}} + \varepsilon_{it}$$

$$(4.3)$$

其中，TA_{it} 为公司 i 在第 t 年的总应计利润；A_{it-1} 为公司 i 第 $t-1$ 期的期末总资产；ΔREV_{it} 表示的是公司主营业务收入的增加额；PPE_{it} 为公司期末固定资产总额；$DVAR_{it}$ 为虚拟变量，当 CFO_{it} 小于零时取 1，反之为 0；CFO_{it} 为公司经营活动现金流净额。根据模型（4.3）分行业分年度回归，得到残差值即为操纵性应计利润 DA，反映应计操纵水平。赫里巴尔和尼科尔斯（Hribar & Nichols，2007）认为衡量应计操纵水平时，区分方向的操纵性应计利润指标要优于绝对值指标。因此，基于王兵等（2011）、弗朗西斯等（Francis et al.，2012）、陈运森等（2019）等诸多研究，本章亦使用区分方向的操纵性应计利润 DA。

（4）其他变量。为了克服遗漏变量偏误，基于现有关于上市公司年报语调操纵的相关文献（贺康和万丽梅，2020；王嘉鑫和张龙平，2020），本章研究模型控制了影响上市公司年报语调操纵的公司财务特征因素、公司治理特征因素、事务所层面因素、行业因素和年度因素。具体包括：资产收益率（Roa）、财务杠杆（Lev）、应收账款比率（Rec）、公司规模（$Size$）、账面市值比（Btm）、股票收益波动（Ret_Vol）、业绩波动（Roa_Vol）、上市年限（Age）、是否存在亏损（$Loss$）、第一大股东持股比例（$Shrcr$）、董事长与总经理是否二职合一（$Dual$）以及审计机构权威性（$Big4$）。行业虚拟变量（$Industry$），根据证监会 2012 年《上市公司行业分类指引》，将制造业取两位编码，其余行业取一位编码。详细变量定义如表 4.1 列示。

表 4.1　　　　　　　　　　　　变量定义

变量名称	变量符号	变量定义
异常乐观语调	$Abtone$	语调回归方程的残差值，详见模型（4.1）计算
	$Abtone\_F$	语调回归方程的残差值，详见模型（4.2）计算
交易所年报问询	Inq	当年公司收到年报问询函为 1，否则为 0
年报问询次数	Inq_Num	当年公司收到年报问询函的次数
年报问询函问题数	$Ques\_Num$	当年公司收到年报问询函中包含的问题数
年报问询函问题的平均字符数	$Ques\_Char$	当年公司收到年报问询函中问题总字符数/问题数
要求中介机构发表专业审核意见	$Verify$	若年报问询函要求中介机构（如会计师事务所、律师事务所、财务顾问等）发表专业核查意见为 1，否则为 0

变量名称	变量符号	变量定义
操纵性应计利润	*DA*	非线性琼斯模型回归残差，正值代表正向盈余操纵，负值代表负向盈余操纵
资产收益率	*Roa*	净利润/上期期末总资产
财务杠杆	*Lev*	期末总负债/期末总资产
应收账款比率	*Rec*	应收账款/营业收入
公司市值	*Size*	年末总市值的对数
账面市值比	*Btm*	资产总计/市值
股票收益波动	*Ret_Vol*	当年股票月度收益率的标准差
业绩波动	*Roa_Vol*	公司过去五年业绩的标准差
上市年限	*Listtime*	公司上市年限 +1 的自然对数
是否存在亏损	*Loss*	当年净利润小于 0 时为 1，否则为 0
第一大股东持股比例	*Shrcr*	第一大股东持股数/总股数
董事长与总经理是否二职合一	*Dual*	董事长与总经理兼任为 1，否则为 0
审计机构权威性	*Big*4	由 "四大" 事务所审计为 1，否则为 0
年份	*Year*	年度虚拟变量
行业	*Industry*	行业虚拟变量

4.3.3　模型构建

为了检验证券交易所年报问询对上市公司年报语调操纵的影响及影响机制，同时验证研究假设 H4 – 1 与假设 H4 – 2，本章构建 OLS 回归模型（4.4）、模型（4.5）和模型（4.6）：

$$Abtone_{it}/Abtone\_F_{it} = \alpha_0 + \alpha_1 Inq_{it} + \sum \alpha_j Control_{it} + \sum Year + \sum Industry + \varepsilon \tag{4.4}$$

$$DA_{it} = \beta_0 + \beta_1 Inq_{it} + \sum \beta_j Control_{it} + \sum Year + \sum Industry + \varepsilon \tag{4.5}$$

$$Abtone_{it}/Abtone\_F_{it} = \gamma_0 + \gamma_1 Inq_{it} + \gamma_2 DA_{it} + \sum \gamma_j Control_{it} + \sum Year + \sum Industry + \varepsilon \tag{4.6}$$

其中，*Abtone* 和 *Abtone_F* 为年报异常乐观语调；*Inq* 为当年上市公司是否收到年报问询函；*DA* 为可操纵应计利润；*Control* 为控制变量，包括资产收益率（*Roa*）、财务杠杆（*Lev*）、应收账款比率（*Rec*）、公司规模（*Size*）、账面市值比（*Btm*）、股票收益波动（*Ret_Vol*）、业绩波动（*Roa_Vol*）、上市年限（*Age*）、是否存在亏损（*Loss*）、第一大股东持股比例（*Shrcr*）、董事长与总经理是否二职合一（*Dual*）以及审计机构权威性（*Big*4），*Year* 和 *Industry* 分别为年份和行业虚拟变量。

模型（4.4）中系数 α_1 表示证券交易所年报问询对上市公司年报语调操纵的总影响，若 α_1 显著为负，则意味着收到年报问询函的上市公司会显著减少年报异常乐观语调，即证券交易所年报问询能显著降低上市公司年报语调操纵。模型（4.5）系数 β_1 为证券交易所年报问询对操纵性应计利润的影响，若其显著为负，说明交易所年报问询能有效约束操纵性应计利润，降低年报数字信息操纵。模型（4.6）中系数 γ_2 为可操纵应计利润对异常乐观语调的影响，若其显著为正，则说明操纵性应计利润越高，年报异常乐观语调越大，即数字信息操纵与文本语调操纵之间起到互相配合作用。在 β_1 和 γ_2 均显著的情况下，$\beta_1 \times \gamma_2$ 则为证券交易所年报问询通过约束数字信息操纵进而降低年报语调操纵的间接影响。若模型（4.6）中 γ_1 显著为负，则说明直接影响依然显著存在，即证券交易所年报问询能够直接降低上市公司年报语调操纵。而 γ_1/α_1 则为直接影响占总影响的比例，可据此比较直接影响和间接影响的主导地位。

4.4　实证结果分析

4.4.1　描述性统计

（1）研究变量描述性统计

表 4.2 所示为本章研究变量的描述性统计结果。结果显示：异常乐观语

调（*Abtone* 和 *Abtone_F*）均值都为 0.003，说明样本公司年报异常乐观语调平均处于正向调整水平；中位数为 0.023，表示该变量经缩尾处理后仍呈右偏锋形态；标准差为 0.120，说明样本具有一定分散性。是否收到年报问询函（*Inq*）均值为 0.088，标准差为 0.283，表示样本公司中有 8.8% 的公司收到证券交易所年报问询函，且样本值具有差异性。操纵性应计利润（*DA*）均值与中位数均为 0.002，标准差为 0.061，说明大部分样本公司均进行了正向的应计利润操纵，即普遍虚增利润。控制变量方面，样本公司资产回报率（*Roa*）均值为 0.048，说明样本公司平均具有一定的盈利能力；财务杠杆（*Lev*）、应收账款比率（*Rec*）、公司市值（*Size*）及账面市值比（*Btm*）样本均具有较强的分散性；样本公司股票收益波动（*Ret_Vol*）较为明显，而业绩波动（*Roa_Vol*）平均值不高，说明样本公司业绩普遍稳定。上市年限（*Listtime*）均值说明大部分样本公司具备一定年限，且样本间差距显著；存在亏损（*Loss*）的样本公司约有 8.8%；第一大股东持股比例（*Shrcr*）平均为 33.4%；约有 27% 的样本公司存在董事长与总经理二职合一（*Dual*）的情形；仅有 5.4% 的样本公司由排名前四大的事务所审计（*Big4*）。

表 4.2　　　　　　　　　　　　　　　描述性统计结果

变量	样本量	均值	标准差	最小值	中位数	最大值
Abtone	8 653	0.003	0.120	− 0.381	0.023	0.217
Abtone_F	8 653	0.003	0.120	− 0.382	0.023	0.217
Inq	8 653	0.088	0.283	0	0	1
DA	8 653	0.002	0.061	− 0.213	0.002	0.190
Roa	8 653	0.048	0.067	− 0.197	0.041	0.289
Lev	8 653	0.422	0.199	0.060	0.413	0.879
Rec	8 653	0.269	0.253	0.000	0.202	1.230
Size	8 653	23.005	1.027	21.090	22.853	26.251
Btm	8 653	0.597	0.257	0.109	0.586	1.151
Ret_Vol	8 653	0.128	0.068	0.037	0.112	0.390
Roa_Vol	8 653	0.042	0.062	0.002	0.024	0.445

续表

变量	样本量	均值	标准差	最小值	中位数	最大值
Listtime	8 653	2.296	0.667	0.693	2.197	3.367
Loss	8 653	0.088	0.283	0	0	1
Shrcr	8 653	0.334	0.145	0.030	0.313	0.900
Dual	8 653	0.270	0.444	0	0	1
*Big*4	8 653	0.054	0.227	0	0	1

（2）异常乐观语调（*Abtone* 和 *Abtone_F*）概率密度分布

为了更为清晰地说明样本公司年报语调操纵的现状，图 4.1 展示了样本公司异常乐观语调的概率密度分布①。

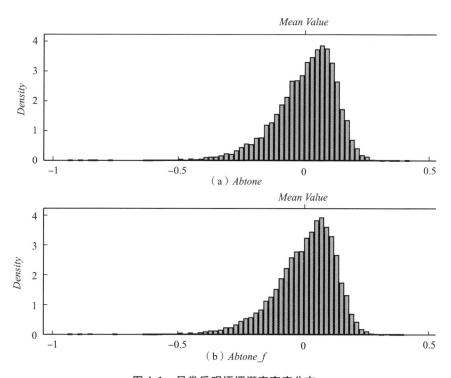

图 4.1　异常乐观语调概率密度分布

---

① 为了反映样本公司异常乐观语调的原始概率密度分布，此处对异常乐观语调变量未进行缩尾。

由图 4.1 可以看出，样本公司异常乐观语调的概率密度分布并非完全对称和无偏，而是呈现十分明显的右偏态势。与向下操纵年报语调相比，绝大多数样本公司偏向于向上的年报语调操纵，即管理层存在过度乐观地渲染年报语调的行为。这与本章的分析一致，即管理层更愿意向外界传递比真实信息更乐观积极的消息，彰显或夸大公司业绩，或掩饰不良消息，以期营造积极的市场氛围，获得市场正向反馈。同时，该现象也符合中国上市公司信息披露的实际，即大多数上市公司存在"报喜不报忧"的心理，更倾向于对外传递好消息甚至放大好消息，而推迟或隐瞒坏消息的发布，故通常管理层会有意往积极方向策略性调整公司年报文本信息的披露。

4.4.2　主检验实证结果分析

（1）单变量检验

本章首先对年报异常乐观语调进行了组间差异检验，以初步验证证券交易所年报问询对上市公司年报语调操纵的影响。根据是否收到年报问询函，将研究样本分为两组，其中未收到年报问询函组的公司数量为 7 893，收到年报问询函组的公司数量为 760。表 4.3 展示了未收函组和收函组的组间差异检验结果，对于异常乐观语调（$Abtone$），与未收函组相比，收函组年报异常语调显著较低，均值和中位数均在 1% 的水平上存在显著差异；对于考虑未来业绩的异常乐观语调（$Abtone\_F$），与未收函组相比，收函组年报异常语调显著较低，其均值和中位数均在 1% 的水平上存在显著差异，由此初步印证了假设 H4 - 1，为多元回归检验提供了基础性结论。

表 4.3　　　　　　　　　　主要变量组间差异检验结果

变量	未收到年报问询函 $N = 7\ 893$		收到年报问询函 $N = 760$		均值检验	中位数检验
	均值	中位数	均值	中位数	T 值	Z 值
$Abtone$	0.0057	0.0254	− 0.0208	0.0014	5.83 ***	4.80 ***
$Abtone\_F$	0.0056	0.0254	− 0.0211	− 0.0009	5.88 ***	4.85 ***

注：均值差异检验为 T 检验，中位数差异检验为 Wilcoxon 秩和检验。*** 代表在 1% 的显著性水平（双尾）。

（2）多元回归检验

以异常乐观语调（*Abtone*）作为年报语调操纵的代理变量，表 4.4 展示了证券交易所年报问询对上市公司年报语调操纵的影响实证结果①，其中：第（1）列结果显示，证券交易所年报问询（*Inq*）系数为 -1.460，其在 1% 的显著性水平上显著，表明收到年报问询函的上市公司显著减少其年报异常乐观语调，降低年报语调操纵，即证券交易所年报问询能显著降低上市公司年报语调操纵，本章假设 H4 - 1 通过实证检验。针对证券交易所年报问询严重程度方面，第（2）列报告了证券交易所年报问询次数影响公司异常乐观语调的回归结果，年报问询次数（*Inq_Num*）的系数在 1% 水平显著为负，由此说明年报问询次数越多，越能显著减少上市公司异常乐观语调；第（3）列为证券交易所年报问询函问题数对公司异常乐观语调影响的回归结果，年报问询函问题数（*Ques_Num*）的系数在 1% 水平显著为负，表明年报问询函问题数越多，越能显著减少上市公司异常乐观语调；第（4）列显示年报问询函问题的平均字符数（*Ques_Char*）的系数在 1% 水平显著为负，即年报问询函问题的平均字符数越多（问题越复杂），越能显著抑制上市公司异常乐观语调。此外，第（5）列回归结果表明，年报问询函要求中介机构发表专业审核意见（*Verify*）能显著抑制上市公司异常乐观语调。此外，控制变量的回归结果均基本符合理论预期及以往相关研究。

表 4.4　证券交易所年报问询影响上市公司年报语调操纵的实证结果（A）

变量	*Abtone*				
	（1）	（2）	（3）	（4）	（5）
Inq	-1.460 *** （-3.63）				
Inq_Num		-1.361 *** （-3.56）			

---

① 考虑到因变量与自变量的量级差异，本章在进行多元回归时均对因变量做扩大 100 倍处理。

续表

变量	Abtone				
	(1)	(2)	(3)	(4)	(5)
Ques_Num			-0.201 *** (-5.50)		
Ques_Char				-0.004 *** (-2.88)	
Verify					-2.289 *** (-5.15)
Roa	0.301 (0.97)	0.297 (0.96)	0.250 (0.81)	0.299 (0.96)	0.326 (1.05)
Lev	1.354 * (1.75)	1.344 * (1.73)	1.482 * (1.91)	1.328 * (1.71)	1.413 * (1.82)
Rec	-0.305 (-0.99)	-0.321 (-1.04)	-0.315 (-1.02)	-0.303 (-0.98)	-0.309 (-1.00)
Size	0.018 (0.09)	0.019 (0.09)	-0.006 (-0.03)	0.033 (0.16)	-0.004 (-0.02)
Btm	3.107 *** (4.07)	3.122 *** (4.09)	3.085 *** (4.05)	3.090 *** (4.05)	3.053 *** (4.00)
Ret_Vol	-2.488 ** (-2.05)	-2.479 ** (-2.04)	-2.378 ** (-1.96)	-2.581 ** (-2.13)	-2.616 ** (-2.16)
Roa_Vol	-0.106 (-1.59)	-0.106 (-1.59)	-0.105 (-1.58)	-0.106 (-1.60)	-0.105 (-1.59)
Listtime	1.272 *** (4.09)	1.267 *** (4.08)	1.310 *** (4.22)	1.250 *** (4.02)	1.298 *** (4.18)
Loss	1.879 *** (4.85)	1.890 *** (4.88)	1.890 *** (4.89)	1.884 *** (4.87)	1.890 *** (4.89)
Shrcr	-2.271 * (-1.77)	-2.276 * (-1.77)	-2.339 * (-1.82)	-2.260 * (-1.76)	-2.346 * (-1.83)
Dual	0.692 ** (2.06)	0.692 ** (2.06)	0.682 ** (2.04)	0.687 ** (2.05)	0.672 ** (2.00)
Big4	-1.694 ** (-2.12)	-1.693 ** (-2.12)	-1.696 ** (-2.13)	-1.688 ** (-2.12)	-1.673 ** (-2.10)

续表

变量	Abtone				
	（1）	（2）	（3）	（4）	（5）
Year	YES	YES	YES	YES	YES
Industry	YES	YES	YES	YES	YES
Constant	- 6. 631 （ - 1. 40）	- 6. 649 （ - 1. 40）	- 6. 081 （ - 1. 28）	- 6. 981 （ - 1. 47）	- 6. 084 （ - 1. 28）
N	8 653	8 653	8 653	8 653	8 653
Adj R^2	0.085	0.085	0.087	0.084	0.087

注：***、**、* 分别代表在 1%、5%、10% 的显著性水平（双尾），括号内为 t 值。

　　以考虑未来业绩的异常乐观语调（Abtone_F）作为年报语调操纵的代理变量，表 4.5 展示了证券交易所年报问询对上市公司年报语调操纵的影响实证结果，其结论与上述表 4.4 中展示的结论基本一致：收到年报问询函的上市公司显著减少其年报异常乐观语调，降低年报语调操纵，即证券交易所年报问询能显著降低上市公司年报语调操纵，本章假设 H4 - 1 通过实证检验。同时，证券交易所年报问询次数越多、年报问询函问题数越多、年报问询函问题的平均字符数越多（问题越复杂），越能显著减少上市公司异常乐观语调，即证券交易所年报问询程度越严重，其对上市公司年报语调操纵的抑制作用越明显。此外，当年报问询函要求中介机构发表专业审核意见时，上市公司异常乐观语调显著降低。实证检验中控制变量的回归结果大部分仍然基本符合理论预期及以往研究。

表 4.5　证券交易所年报问询影响上市公司年报语调操纵的实证结果（B）

变量	Abtone_F				
	（1）	（2）	（3）	（4）	（5）
Inq	- 1. 502 *** （ - 3. 74）				

续表

变量	Abtone_F				
	(1)	(2)	(3)	(4)	(5)
Inq_Num		−1.411*** (−3.70)			
Ques_Num			−0.206*** (−5.63)		
Ques_Char				−0.004*** (−2.97)	
Verify					−2.334*** (−5.25)
Roa	0.158 (0.51)	0.154 (0.50)	0.106 (0.34)	0.156 (0.50)	0.183 (0.59)
Lev	1.140 (1.47)	1.131 (1.46)	1.270 (1.64)	1.113 (1.44)	1.199 (1.55)
Rec	−0.295 (−0.96)	−0.311 (−1.01)	−0.306 (−0.99)	−0.293 (−0.95)	−0.299 (−0.97)
Size	0.044 (0.21)	0.044 (0.22)	0.019 (0.09)	0.060 (0.29)	0.022 (0.11)
Btm	3.070*** (4.03)	3.085*** (4.05)	3.047*** (4.00)	3.053*** (4.00)	3.015*** (3.96)
Ret_Vol	−2.559** (−2.11)	−2.549** (−2.10)	−2.448** (−2.02)	−2.655** (−2.19)	−2.692** (−2.22)
Roa_Vol	−0.115* (−1.74)	−0.115* (−1.74)	−0.114* (−1.72)	−0.116* (−1.75)	−0.115* (−1.74)
Listtime	1.309*** (4.21)	1.304*** (4.20)	1.347*** (4.34)	1.286*** (4.14)	1.335*** (4.30)
Loss	1.666*** (4.31)	1.677*** (4.34)	1.678*** (4.35)	1.671*** (4.32)	1.677*** (4.34)

续表

变量	Abtone_F				
	（1）	（2）	（3）	（4）	（5）
Shrcr	− 2.195 * （− 1.71）	− 2.201 * （− 1.72）	− 2.263 * （− 1.77）	− 2.184 * （− 1.70）	− 2.270 * （− 1.77）
Dual	0.680 ** （2.03）	0.680 ** （2.03）	0.670 ** （2.00）	0.675 ** （2.01）	0.660 ** （1.97）
*Big*4	− 1.743 ** （− 2.19）	− 1.742 ** （− 2.19）	− 1.745 ** （− 2.19）	− 1.737 ** （− 2.18）	− 1.722 ** （− 2.16）
Year	YES	YES	YES	YES	YES
Industry	YES	YES	YES	YES	YES
Constant	− 7.115 （− 1.50）	− 7.126 （− 1.50）	− 6.561 （− 1.38）	− 7.477 （− 1.57）	− 6.570 （− 1.38）
N	8 653	8 653	8 653	8 653	8 653
Adj R²	0.086	0.086	0.088	0.085	0.087

注：***、**、* 分别代表在 1%、5%、10% 的显著性水平（双尾），括号内为 *t* 值。

4.4.3　影响机制实证结果分析

根据温忠麟等（2004）提出的中介效应逐步回归分析方法，本书进一步研究了证券交易所年报问询对上市公司年报语调操纵的影响机制，并在此基础上检验了交易所年报问询对年报语调操纵的直接影响和间接影响之间的主导性差别。表 4.6 中第一列显示为证券交易所年报问询对操纵性应计利润的影响，证券交易所年报问询（*Inq*）的系数为 − 0.527，且显著性水平为 5%，即年报问询函能够显著减少被问询公司的操纵性应计利润，降低公司管理层数字信息操纵。表 4.6 中第二列和第三列均为证券交易所年报问询对上市公司年报语调操纵的影响机制检验结果，对于公司异常乐观语调（*Abtone*）和（*Abtone_F*）来说，操纵性应计利润的系数分别为 0.053 和 0.062，且均在 1% 的显著性水平上显著，说明证券交易所年报问询通过减少操纵性应计利润进而间接降低公司异常乐观语调，即证券交易所年报问询能够通过约束公司年报数字信息操纵进而间接降低公司年报语调操纵。其中，直接影响占总影响的比例分别为 98.07% 和 97.81%。可以看出，相对于间接影响，证券交易所年报问询会更多地直接降低公司年报语调操纵，即与间接影响相比，直接影响占主导地位。与本章预期假设一致，本章假设 H4 - 2 通过实证检验。

表 4.6   证券交易所年报问询影响上市公司年报语调操纵的机制实证结果

变量	DA	Abtone	Abtone_F
Inq	- 0. 527 ** (- 2. 01)	- 1. 422 *** (- 3. 54)	- 1. 458 *** (- 3. 63)
DA		0. 053 *** (3. 21)	0. 062 *** (3. 75)
Roa	1. 390 *** (6. 61)	0. 237 (0. 76)	0. 085 (0. 27)
Lev	- 5. 096 *** (- 11. 24)	1. 668 ** (2. 13)	1. 506 * (1. 93)
Rec	1. 497 *** (7. 79)	- 0. 381 (- 1. 23)	- 0. 384 (- 1. 24)
Size	0. 443 *** (4. 04)	- 0. 011 (- 0. 05)	0. 010 (0. 05)
Btm	1. 274 *** (2. 89)	3. 008 *** (3. 94)	2. 954 *** (3. 88)
Ret_Vol	3. 276 *** (3. 97)	- 2. 634 ** (- 2. 17)	- 2. 730 ** (- 2. 25)
Roa_Vol	- 0. 025 (- 0. 56)	- 0. 105 (- 1. 57)	- 0. 114 * (- 1. 72)
Listtime	- 0. 327 ** (- 2. 07)	1. 299 *** (4. 18)	1. 340 *** (4. 31)

变量	DA	Abtone	Abtone_F
Loss	−8.254 *** (−31.84)	2.319 *** (5.65)	2.179 *** (5.32)
Shrcr	0.776 (1.18)	−2.312 * (−1.80)	−2.242 * (−1.75)
Dual	−0.077 (−0.40)	0.694 ** (2.07)	0.682 ** (2.04)
Big4	−1.209 *** (−2.89)	−1.633 ** (−2.05)	−1.672 ** (−2.10)
Year	YES	YES	YES
Industry	YES	YES	YES
Constant	−6.661 *** (−2.66)	−6.302 (−1.33)	−6.732 (−1.42)
N	8 653	8 653	8 653
Adj R^2	0.151	0.087	0.088

注：*** 、 ** 、 * 分别代表在1%、5%、10%的显著性水平（双尾），括号内为 t 值。

4.5　拓展性分析与稳健性检验

4.5.1　分组检验分析

基于上述实证检验，为了进一步研究不同公司内部治理机制下，证券交易所年报问询对上市公司年报语调操纵的影响是否存在差异，本章根据产权性质和公司内部控制质量划分样本公司，并进行分组检验，回归结果如表4.7和表4.8所示。

表4.7 　　　　　　　　　　　基于产权性质的分组检验结果

变量	Abtone		Abtone_F	
	国有企业	非国有企业	国有企业	非国有企业
Inq	-0.726 (-1.12)	-1.404*** (-2.75)	-0.753 (-1.16)	-1.446*** (-2.84)
Roa	2.283 (1.47)	0.052 (0.16)	2.228 (1.43)	-0.091 (-0.28)
Lev	2.219 (1.32)	1.501* (1.68)	2.231 (1.33)	1.247 (1.39)
Rec	-0.357 (-0.99)	-0.384 (-0.73)	-0.355 (-0.99)	-0.361 (-0.68)
Size	0.004 (0.01)	0.176 (0.62)	-0.002 (-0.01)	0.216 (0.76)
Btm	-0.481 (-0.38)	5.047*** (5.10)	-0.557 (-0.44)	5.026*** (5.08)
Ret_Vol	3.069 (0.78)	-2.615** (-1.99)	2.957 (0.75)	-2.681** (-2.04)
Roa_Vol	-0.147** (-2.23)	0.093 (0.49)	-0.147** (-2.23)	0.019 (0.10)
Age	1.036* (1.70)	1.102*** (2.62)	1.071* (1.76)	1.139*** (2.71)
Loss	3.569*** (5.51)	1.226** (2.51)	3.448*** (5.32)	0.976** (2.00)
Shrcr	-3.808* (-1.90)	-1.826 (-1.04)	-3.600* (-1.80)	-1.842 (-1.05)
Dual	-0.711 (-1.05)	1.174*** (2.97)	-0.734 (-1.08)	1.166*** (2.95)
Big4	-1.784* (-1.77)	-1.525 (-1.21)	-1.783* (-1.77)	-1.605 (-1.28)
Year	YES	YES	YES	YES

续表

变量	Abtone		Abtone_F	
	国有企业	非国有企业	国有企业	非国有企业
Industry	YES	YES	YES	YES
Constant	− 5. 244 (− 0. 71)	− 10. 779 (− 1. 63)	− 5. 134 (− 0. 69)	− 11. 560* (− 1. 75)
N	3 025	5 628	3 025	5 628
Adj R^2	0. 146	0. 080	0. 146	0. 081

注：***、**、*分别代表在1%、5%、10%的显著性水平（双尾），括号内为 t 值。

表 4.8　　　　　　　　　基于内部控制质量的分组检验结果

变量	Abtone		Abtone_F	
	内部控制质量高	内部控制质量低	内部控制质量高	内部控制质量低
Inq	0. 077 (0. 11)	− 1. 671*** (− 2. 86)	0. 084 (0. 12)	− 1. 757*** (− 3. 00)
Roa	0. 744 (0. 62)	− 0. 783 (− 0. 51)	0. 683 (0. 57)	− 0. 279 (− 0. 18)
Lev	5. 556*** (4. 23)	2. 175 (1. 58)	5. 594*** (4. 27)	2. 176 (1. 58)
Rec	− 0. 199 (− 0. 21)	0. 701 (1. 42)	− 0. 085 (− 0. 09)	0. 697 (1. 41)
Size	− 0. 596** (− 2. 44)	0. 110 (0. 35)	− 0. 604** (− 2. 47)	0. 119 (0. 38)
Btm	0. 925 (0. 95)	3. 237*** (2. 84)	0. 923 (0. 94)	3. 076*** (2. 70)
Ret_Vol	− 3. 068* (− 1. 89)	3. 167 (1. 24)	− 3. 086* (− 1. 90)	2. 794 (1. 09)
Roa_Vol	0. 313 (0. 78)	− 0. 044 (− 0. 51)	0. 302 (0. 75)	− 0. 055 (− 0. 63)

续表

变量	Abtone		Abtone_F	
	内部控制质量高	内部控制质量低	内部控制质量高	内部控制质量低
Age	1. 239 *** (3. 45)	1. 036 ** (2. 41)	1. 269 *** (3. 54)	1. 083 ** (2. 52)
Loss	2. 436 ** (2. 42)	3. 019 *** (5. 48)	2. 265 ** (2. 26)	2. 870 *** (5. 21)
Shrcr	− 2. 943 * (− 1. 93)	− 4. 116 ** (− 2. 39)	− 2. 952 * (− 1. 94)	− 4. 105 ** (− 2. 39)
Dual	1. 142 *** (2. 67)	0. 510 (1. 07)	1. 119 *** (2. 62)	0. 498 (1. 05)
Big4	− 0. 867 (− 0. 99)	− 1. 977 (− 1. 62)	− 0. 915 (− 1. 04)	− 1. 978 (− 1. 63)
Year	YES	YES	YES	YES
Industry	YES	YES	YES	YES
Constant	9. 352 * (1. 66)	− 10. 824 (− 1. 53)	9. 335 * (1. 66)	− 10. 793 (− 1. 52)
N	4 121	4 217	4 121	4 217
Adj R²	0. 125	0. 087	0. 126	0. 087

注：*** 、** 、* 分别代表在1%、5%、10%的显著性水平（双尾），括号内为 t 值。

（1）基于产权性质的分组检验

公司与政府之间的关系不仅能够影响上市公司年报语调操纵（贺康和万丽梅，2020），还会影响行政处罚性监管的效力（司茹，2013；沈红波等，2014）。产权性质是能够反映政企关系的最直接的标志，与非国有企业相比，作为政府机构控制的国有企业与政府具有天然紧密的联系，而监管机构对政企关联度高的公司往往存在监管时滞，执法效率不高（许年行等，2013）。因而，本章试图进一步探讨产权性质是否会影响交易所问询函监管与年报语调操纵之间的关系。根据产权性质，本章将样本公司划分为国有和非国有两组，并进行分组检验。如表4.7所示，非国有企业组，证券交易所年报问询（Inq）的系数为 − 1.404 和 − 1.446，且均在 1% 的水平上显著；而在国有企业组，证券交易所年报问询（*Inq*）的系数均不显著。这表明当非国有企业收到问询函后，其年报语调操纵会显著降低。此外，国企与非国企组的组间系数差异检验均在1%水平上显著。由此可知，在不同产权性质下，证券交易所年报问询对上市公司年报语调操纵的影响存在差异，即相对于国有企业，证券交易所年报问询对非国有企业年报语调操纵的抑制作用更强。公司产权性质会影响证券交易所年报问询对上市公司年报信息披露外部治理作用的发挥。

（2）基于内部控制质量的分组检验

良好的内部控制具有较为完善的内部监督与信息沟通机制，能降低公司管理层操纵"好坏"信息披露消息的倾向（张向丽和池国华，2019），增强上市公司年报信息披露的真实性。而内部控制质量较低的上市公司，其偏离控制目标的程度和概率较大（方红星和陈作华，2015）。因此，作为公司重要的内部治理机制，本章认为有必要进一步探究不同内部控制质量的上市公司，证券交易所年报问询对年报语调操纵的影响是否具有差异性。基于迪博·中国上市公司内部控制指数，以该指数中位数为划分依据，将高于中位数的样本公司划分为内部控制质量高组，否则，则划分为内部控制质量低组，由此进行分组检验。如表4.8所示，内部控制质量低组，证券交易所年报问询（*Inq*）的系数均为 − 1.671 和 − 1.757，且分别在1%的显著性水平上显著；而内部控制质量高组，证券交易所年报问询（*Inq*）的系数均不显著。这表明当内部控制质量低的公司收到问询函后，其年报语调操纵会显著降低。此外，内部控制质量高组和内部控制质量低组的组间系数差异检验均在1%水平上显著。可以说，相对于内部控制质量高的公司，证券交易所年报问询对年报语调操纵的抑制作用在内部控制质量低的公司中更强。进一步证明，内部控制质量较差时，管理层更容易受到证券交易所监管且效果明显。

4.5.2　内生性问题处理

（1）基于倾向得分匹配法（PSM）的实证检验

证券交易所可能会基于上市公司的某些特征有针对性地发放年报问询函，

而并非完全随机，为了处理由此带来的内生性问题，本书借鉴约翰斯通和佩塔齐（Johnston & Petacchi，2017）相关研究，采用倾向得分匹配法（PSM）进一步分析证券交易所年报问询对公司年报语调操纵的影响。具体来说：以样本期间当年未收到证券交易所年报问询的上市公司为匹配样本，同时结合波扎尼克等（Bozanic et al.，2017）、张俊生等（2018）和李晓溪等（2019a）等现有诸多研究，从公司内部控制、财务经营状况、公司特征以及审计师等多维度选取影响公司是否被交易所问询的主要变量作为匹配依据①，构建 PSM 第一阶段回归模型。随后，使用最近邻 1∶1 匹配方法，根据倾向得分值对全部样本上市公司进行无放回一对一匹配，为当年收到交易所年报问询函的上市公司匹配对照样本，最终得到 1 329 个公司年观测值。表 4.9 列示了 PSM 第一阶段结果，内部控制缺陷较大、账面市值比越低、上市年限较长、审计机构权威性越低、非国企、公司规模越小的公司收到交易所年报问询的可能性越大，且表 4.9 第一列显示该模型卡方检验在 1% 水平下显著且伪 R^2 为 0.115，足以表明模型解释力强。进一步参照方等（Fang et al.，2017）的方法，重新以匹配后的样本对 PSM 第一阶段模型进行估计，由表 4.9 第二列可以看出，该模型中所有解释变量均不显著，模型未通过卡方检验且伪 R^2 为 0.012，表明模型解释力差。由此，进一步说明 PSM 匹配后，收到年报问询函的样本与未收到年报问询函的样本之间的差异已被消除。

表 4.9   PSM 第一阶段实证结果

变量	*Inq*	
	匹配前	匹配后
L. Ic_Weak	0.321 *** (3.42)	−0.025 (−0.20)

① 证券交易所当年的年报问询对象是上一年的公司年报，因此构建 PSM 第一阶段模型时选取的公司特征数据需要滞后一期。为了防止删除空缺值后造成较大的样本损失，本章在匹配样本时并未删除空缺值，因而匹配后样本为 1 329、基于 PSM 的主检验回归样本为 1 330，两者之间存在微小差异，但并不影响结论。

续表

变量	Inq	
	匹配前	匹配后
L. Btm	− 0. 598 *** (− 2. 59)	− 0. 279 (− 0. 92)
L. Age	0. 571 *** (6. 55)	0. 081 (0. 68)
L. Loss	1. 585 *** (14. 27)	0. 052 (0. 35)
L. Big4	− 0. 470 * (− 1. 77)	− 0. 062 (− 0. 17)
L. State	− 0. 621 *** (− 5. 69)	− 0. 063 (− 0. 43)
L. Roe	0. 020 (0. 52)	− 0. 208 (− 1. 27)
L. Size	− 0. 163 *** (− 2. 77)	0. 044 (0. 53)
L. Dual	0. 087 (0. 88)	0. 020 (0. 15)
Year	YES	YES
Industry	YES	YES
Constant	0. 320 (0. 25)	− 0. 750 (− 0. 43)
N	8 299	1 329
Chi2	531. 203 ***	22. 219
Pseudo − R^2	0. 115	0. 012

注：ⅹ*** 、* 分别代表在 1%、10% 的显著性水平（双尾），括号内为 z 值。

基于 PSM 匹配后的样本，进一步重新实证检验证券交易所年报问询对上市公司年报语调操纵的影响，具体检验结果如表 4. 10 所示。由 Panel A 和

Panel B 可以看出，证券交易所年报问询均在 1% 的水平上显著降低了上市公司异常乐观语调；证券交易所年报问询次数越多、年报问询函问题数越多、年报问询函问题的平均字符数越多（问题越复杂），其对上市公司异常乐观语调抑制作用越明显。此外，年报问询函要求中介机构发表专业审核意见会明显减少上市公司异常乐观语调。这与本章前述主检验结论一致，进一步证明研究结果的稳健。

表 4.10　　　　　　　　　基于 PSM 的主检验的实证结果

变量	Panel A：Abtone				
	（1）	（2）	（3）	（4）	（5）
Inq	-2.039 *** （-2.90）				
Inq_Num		-1.820 *** （-2.74）			
Ques_Num			-0.210 *** （-3.44）		
Ques_Char				-0.005 ** （-2.10）	
Verify					-2.662 *** （-3.68）
Controls	YES	YES	YES	YES	YES
Year	YES	YES	YES	YES	YES
Industry	YES	YES	YES	YES	YES
Constant	-13.879 （-1.21）	-13.779 （-1.20）	-14.854 （-1.30）	-14.958 （-1.30）	-14.328 （-1.25）
N	1 330	1 330	1 330	1 330	1 330
Adj R^2	0.125	0.125	0.127	0.122	0.129

续表

变量	Panel B：Abtone_F				
	（1）	（2）	（3）	（4）	（5）
Inq	−2.018 *** （−2.88）				
Inq_Num		−1.815 *** （−2.73）			
Ques_Num			−0.211 *** （−3.46）		
Ques_Char				−0.005 ** （−2.08）	
Verify					−2.656 *** （−3.67）
Controls	YES	YES	YES	YES	YES
Year	YES	YES	YES	YES	YES
Industry	YES	YES	YES	YES	YES
Constant	−14.453 （−1.26）	−14.339 （−1.25）	−15.401 （−1.35）	−15.522 （−1.35）	−14.881 （−1.30）
N	1 330	1 330	1 330	1 330	1 330
Adj R^2	0.126	0.126	0.128	0.123	0.131

注：***、** 分别代表在1%、5%的显著性水平（双尾），括号内为 t 值。

（2）基于工具变量法的实证检验

由于一些无法具体观察和控制的因素可能会对证券交易所年报问询造成影响，因此，为了解决由于遗漏变量产生的内生性问题，本章借鉴宋献中等（2017）的研究，以是否收到年报问询函（Inq）的行业—省份均值构建工具变量（IV1），并运用两阶段最小二乘法（2SLS）作实证检验；在此基础上，取是否收到年报问询函（Inq）的滞后一期构建工具变量（IV2），将IV1与

IV2 同时加入模型进一步检验。① 基于此，得到实证结果分别如表 4.11 中第（1）列和第（2）列所示。检验结果均表明：考虑内生性问题后，证券交易所年报问询仍然显著降低上市公司年报语调操纵，证明本章实证研究结论稳健。

表 4.11 基于工具变量的主检验实证结果

变量	（1）		（2）	
	Abtone	*Abtone_F*	*Abtone*	*Abtone_F*
Inq	− 2.666 *** （− 3.21）	− 2.661 *** （− 3.21）	− 3.458 *** （− 3.88）	− 3.414 *** （− 3.83）
Controls	YES	YES	YES	YES
Year	YES	YES	YES	YES
Industry	YES	YES	YES	YES
Constant	− 10.288 *** （− 2.76）	− 10.091 *** （− 2.71）	− 12.404 *** （− 2.92）	− 12.134 *** （− 2.86）
N	8 653	8 653	5 668	5 668
Adj R²	0.087	0.087	0.090	0.090

注：*** 代表在 1% 的显著性水平（双尾），括号内为 t 值。

4.5.3 稳健性检验

（1）考虑收到证券交易所季报和半年报问询函的情形

考虑到证券交易所对上市公司的季报和半年报问询有可能会对本章实证结果产生影响，因此进一步将年报问询扩大至财务报告问询，并作稳健性检验。此处重新设置虚拟变量（*Inq2*），即当年上市公司收到季报、半年报或者年报问询函时取值为 1；否则，取值为 0。与前文中的变量定义一致，同样仅

---

① 本书对工具变量的外生性和相关性检验结果表明 IV1 和 IV2 均具备合理性。

保留第一次问询样本。证券交易所财务报告问询特征的定义与前文变量定义类似,即财务报告问询次数（*Inq_Num*2）、财务报告问询函问题数（*Ques_Num*2）、财务报告问询函问题的平均字符数（*Ques_Char*2）以及是否要求中介机构发表专业审核意见（*Verify*2）。稳健性检验结果如表 4.12 所示,此处的检验结果与前文的主检验一致,说明不考虑季报或半年报问询的做法不会影响本章的结论。

表 4.12　　　　考虑季报、半年报问询的稳健性检验结果

变量	Panel A：*Abtone*				
	（1）	（2）	（3）	（4）	（5）
*Inq*2	−1.514 *** （−3.85）				
*Inq_Num*2		−1.439 *** （−4.11）			
*Ques_Num*2			−0.213 *** （−5.83）		
*Ques_Char*2				−0.005 *** （−3.10）	
*Verify*2					−2.380 *** （−5.39）
Controls	YES	YES	YES	YES	YES
Year	YES	YES	YES	YES	YES
Industry	YES	YES	YES	YES	YES
Constant	−6.505 （−1.37）	−6.330 （−1.33）	−5.955 （−1.25）	−6.873 （−1.45）	−6.020 （−1.27）
N	8 653	8 653	8 653	8 653	8 653
*Adj R*²	0.086	0.086	0.088	0.085	0.087

续表

变量	Panel B：Abtone_F				
	（1）	（2）	（3）	（4）	（5）
Inq2	− 1.555 *** （− 3.96）				
Inq_Num2		− 1.489 *** （− 4.26）			
Ques_Num2			− 0.217 *** （− 5.96）		
Ques_Char2				− 0.005 *** （− 3.19）	
Verify2					− 2.421 *** （− 5.49）
Controls	YES	YES	YES	YES	YES
Year	YES	YES	YES	YES	YES
Industry	YES	YES	YES	YES	YES
Constant	− 6.987 （− 1.47）	− 6.798 （− 1.43）	− 6.434 （− 1.36）	− 7.368 （− 1.55）	− 6.509 （− 1.37）
N	8 653	8 653	8 653	8 653	8 653
Adj R^2	0.086	0.087	0.088	0.085	0.088

注：*** 代表在1%的显著性水平（双尾），括号内为 t 值。

（2）安慰剂检验（Placebo Test）

为了证实主检验结果的可靠性，借鉴科尔纳贾（Cornaggia，2015）的做法，本章对主检验进一步实施安慰剂检验，即将证券交易所年报问询（Inq）的观测值在样本公司间随机重新匹配，并进一步再检验。若并非是证券交易所年报问询而是其他未被观测到的因素影响了上市公司年报语调操纵，那么，随机匹配后的证券交易所年报问询（Placebo_Inq）的回归系数应该显著；若上市公司年报语调操纵确实受到证券交易所年报问询的影响，随机匹配后证券交易所年报问询（*Placebo_Inq*）的回归系数则不显著。具体结果如表 4.13 所示，解释变量的回归系数不显著，再次证明本章主要研究结论稳健。

表 4.13　　　　　　　　　　　　安慰剂检验结果

变量	*Abtone*	*Abtone_F*
Placebo_Inq	−0.243 （−0.67）	−0.263 （−0.72）
Controls	YES	YES
Year	YES	YES
Industry	YES	YES
Constant	−7.772 （−1.63）	−8.300* （−1.74）
N	8 653	8 653
Adj R²	0.082	0.082

注：*代表在 10% 的显著性水平（双尾），括号内为 *t* 值。

4.6　本　章　小　结

本章以 2015～2018 年沪深 A 股上市公司为研究对象，基于年报"管理层讨论与分析"部分的文本信息披露，运用计算机文本挖掘技术提取"管理层讨论与分析"的语调信息，并以此构建上市公司异常乐观语调指标作为年报语调操纵的替代变量，深入讨论证券交易所年报问询对上市公司年报语调操纵的影响及影响机制，研究发现：

第一，证券交易所年报问询显著减少了上市公司异常乐观语调，降低了年报语调操纵。证券交易所年报问询次数越多、年报问询函问题数越多、年报问询函问题的平均字符数越多（问题越复杂）、当年报问询函要求中介机构发表专业审核意见时，越能显著减少上市公司异常乐观语调，对上市公司年报语调操纵的抑制作用越明显。第二，证券交易所年报问询既能够直接降低上市公司年报语调操纵，又能够通过约束上市公司年报数字信息操纵进而间接降低年报语调操纵，且与间接影响相比，直接影响占主导地位。第三，在不同产权性质和内部控制质量下，证券交易所年报问询对上市公司年报语调操纵的抑制作用存在差异，非国有企业和内部控制质量低的上市公司，证券交易所年报问询对其年报语调操纵的抑制作用更为明显。

通过本章研究可以看出，我国上市公司普遍存在向上的乐观语调操纵，年报语调信息并不总是能如实反映公司业绩成果和运营状况，它还可能是管理层为夸大公司好消息或掩盖公司坏消息抑或配合数字盈余操纵而采取的策略性披露手段。可以说，年报语调的真实性和可信度应当受到质疑，其主要原因是年报语调并未受到十分确切的制度约束和监管。然而，证券交易所年报问询却能够较好地约束和抑制上市公司年报语调操纵行为，最大程度保证年报语调能更为真实地反映公司信息，使其真正满足信息披露的真实性原则，避免年报文本信息披露存在较大的偏差。这一结论不仅为投资者的决策判断提供了警示，即投资者应当警惕上市公司年报语调操纵行为，避免被管理层有意误导，还足以表明证券交易所年报问询确实对柔性的年报文本信息披露发挥了有效的监管作用和治理效应。

第 5 章

证券交易所年报问询对上市公司年报可读性影响的实证分析

5.1 研究问题的提出

信息披露是保证证券市场信息透明度和资源配置效率的重要制度安排。随着资本市场的不断发展，在上市公司年报信息披露中，单纯的数字信息披露早已无法满足信息使用者日渐增高的信息披露需求，年报文本信息的地位愈发重要。年报可读性反映了年报文本信息的阅读难易程度和表达清晰程度，是年报使用者能否准确、有效地理解年报信息内涵的关键所在。信息披露制度要求信息披露义务人应当遵循真实、准确、完整的信息披露原则，《深圳证券交易所股票上市规则》对"准确"原则的解释就包括"简明扼要、通俗易懂"。2020 年新《证券法》单设"信息披露"一节，其中明确指出"信息披露应当真实、准确、完整，简明清晰，通俗易懂"，而"简明清晰，通俗易懂"是在保证信息披露基本原则的基础上对年报可读性的进一步强调和重视。年报可读性作为反映年报文本信息披露是否准确的重要标准，能直接影响公司信息环境和信息披露效率（Loughran & McDonald，2014；Guay et al.，2016；逯东等，2019），同时也影响资本市场参与者的行为决策（Franco et al.，2014；刘会芹和施先旺，2020）。然而，由于行业差异或管理层机会主义行为等客观或主观因素的影响，必然存在一些上市公司年报可读性较低的现象，由此加剧了资本市场的信息不对称，增加了市场参与者的年报解读成本。因此，深入讨论如何增强上市公司年报可读性，对进一步提高上市公司年报文本信息披露的准确性具有重要意义。

上市公司信息披露一直是证券市场监管的核心，证券交易所作为证券市场监管体系的第一道防线，对发现并遏制市场信息披露乱象具有首要作用。在当前强调"放松管制，加强监管"的监管核心理念下，证券交易所一线监管地位逐步提升，问询制度成为交易所发挥一线监管职能、实施年报事后审核监管的代表性举措和主要方式。自2015年以来，证券交易所年报问询函数量逐年递增，问询内容逐步扩大和详细。截至2019年底，沪深两交易所针对年报信息披露问题公开的问询函累计达到1 741封。可见，证券交易所年报问询逐步成为年报信息披露日常监管的重要部分。作为一种预防性监管，证券交易所年报问询触及行政处罚性监管甚至司法处罚所未能触及的监管灰色地带，其高度关注年报信息披露是否准确和清晰，有针对性地发现年报信息披露问题，及早督促相关上市公司更正、补充完善和更新披露。那么，针对难以明确约束的年报可读性，证券交易所年报问询能否充分发挥其治理作用和一线监管职能？能否真正有效提升年报可读性，保障年报文本信息被准确清晰地披露？这些问题目前尚未有明确的答案，值得进一步深入探讨。基于此，本章深入剖析证券交易所年报问询对上市公司年报可读性的影响及影响机制，以期为上述问题寻找合理的答案，同时丰富现有研究成果，为完善交易所年报问询机制的有效发挥提供一定的政策依据。

5.2 理论分析与研究假设

根据信息模糊假说，年报可读性与管理层自利行为密切相关，当公司业绩较差、未来面临较高的风险、有强烈的盈余操纵动机或者出于其他某种自利原因时，公司管理层会有意选择利用复杂、晦涩难懂或模糊不清的语言披露文本信息，降低年报可读性，已达到隐匿或者模糊不利信息的目的（Li，2008；王克敏等，2018）。管理层的信息模糊动机及这种策略性年报披露行为，不仅在实质上影响了年报文本信息表达的准确性，降低读者对年报文本信息的解读速率和认知深度。从证券交易所年报问询的实践来看，交易所会明确关注公司年报文本信息披露中不清晰或不明白等年报可读性问题。例如：怡亚通（股票代码：002183）在 2018 年 5 月 4 日收到深交所对其发放的年报问询函，问询函明确提出需要"以清晰易懂的语言，补充披露公司的主要业务模式、主要目标客户以及公司的核心竞争力"。民盛金科（股票代码：002647）在 2018 年 5 月 16 日收到深交所关于其 2017 年年报的问询函，其中明确要求"以通俗易懂的语言对你公司供应链管理业务的主要业务模式、盈利来源进行描述"，并补充完善相应信息。可见，当年报问询函提出关于年报可读性的事项时，说明公司年报有关内容并未完全清晰地披露且已经受到关注和质疑，此时管理层后续模糊披露或增加年报阅读难度的成本会增大。同时，证券交易所针对可读性问题明确要求公司进行清晰简明的补充披露，由此问询监管压力弱化了管理层后续降低年报可读性的动机，有助于促进公司后续年报可读性的提升。

此外，信息披露需要一定的成本，在进行年报文本信息披露时，上市公司往往会考虑其成本收益。由于文字信息难以确切量化且规范性较弱，管理层会以较低的成本通过冗余披露、增加复杂专业词语、用隐晦或容易产生歧义的语句等诸多手段降低年报可读性，使其表面符合信息披露真实、准确和完整的原则，而实际却模糊了年报文本信息（Asay et al.，2018；De Souza et al.，2019）。虽然，年报可读性操纵具有隐蔽性和低成本性，但根据贝克尔（Becker，1968）威慑理论，当管理层降低年报可读性所带来的成本大于其自利收益时，管理层会减少降低年报可读性的行为。证券交易所年报问询关注年报可读性问题时，其传递了年报信息披露不清晰、不完善和复杂难懂的信号，由此降低了投资者信心和对公司的信任度，引发负面市场反应，提高公司融资成本（陈运森，2018a；翟淑萍等，2020a）。这对于追求股价上涨或为了获得更多融资机会的管理层来说，无疑具有较高的成本，考虑到股价下跌引致的收益下降以及融资成本的增加，公司管理层会减少模糊年报文本信息行为，提高后续年报可读性。此外，年报问询函还会增加公司信息披露违规成本，针对模糊不清晰的年报内容，交易所要求公司在限期内及时回复问询函并补充完善信息披露，若公司不予回复或未作合理的解释说明，交易所会根据情况的严重程度实施相应纪律处分，甚至会向证监会移交违法线索，使其付出巨大代价和成本。为了避免较大的损失，公司管理层会主动编制更为清晰、易读的年度报告，提高年报可读性。由此，本章预期，证券交易所年报问询会直接提高上市公司年报可读性。

然而，年报文本信息除了独立传递公司信息之外，还可能是对年报数字信息的解释说明或有益补充。深交所于 2019 年 6 月 3 日对美锦能源（股票代码：000723）发放年报问询函，要求"使用简明扼要、通俗客观语言，详细说明除飞驰汽车业务外，你公司截至报告期末有关氢能源业务情况、主要业务模式和盈利能力，并充分揭示不确定风险"。可以看出，证券交易所会根据公司主营业务和盈利能力等财务数字信息，要求公司用文字信息作详细、清晰的补充说明。因此，作为年报中两种重要的信息表达，年报中的数字信息和文本信息之间必然具有一定的联系。本章认为证券交易所年报问询除了直接提高年报可读性外，也可能会通过影响数字信息进而间接地发挥提高年报可读性的作用。证券交易所年报问询函中关于数字信息披露的问题主要与财务相关，重点针对业绩的真实性，涉及公司虚构业务、业绩变脸、虚增资产、会计差错更正、收入和利润等可能引发重大风险并损害广大投资者利益的问题。当公司存在业绩虚假和操纵问题时，往往伴随着更多晦涩难懂或者模糊化的语言描述，用以掩盖业绩的不真实或为其作合理解释和说明（Martinez - Ferrero，2019；王治等，2020）。对于存在业绩虚假或财务舞弊问题的上市公司，证券交易所在年报问询函中还会要求会计师事务所进一步核查并发表专业审核意见，由此增大其监管压力，促使公司管理层减少财务业绩操纵、提高业绩信息真实性。此时，作为解释说明或掩盖业绩虚假操纵行为的年报文本信息语言，其模糊化程度和复杂性随之降低，即年报可读性提高。因此，当证券交易所年报问询明显降低管理层财务数字信息操纵时，其必然会间接地提高公司年报的可读性。

综上所述，针对上市公司年报可读性，证券交易所发挥了其一线监管职能，即交易所凭借其专业性和及时性，将公司年报内容不清晰和难读懂的相关问题予以暴露，并以年报问询函的形式要求公司尽早简明易懂地补充披露，既能够直接提高年报的可读性，促进上市公司年报文本信息披露的准确性；也能够通过约束年报数字信息操纵削弱降低模糊年报文本信息的动机，进而间接地提高年报的可读性，保证年报文本信息披露在实质上符合信息披露原则。基于上述分析，本章提出以下研究假设：

H5-1：证券交易所年报问询会显著提高上市公司年报可读性。

随着资本市场的快速发展，上市公司业务复杂程度逐步增高，涉及的信息丰富程度不断增大，年报文本信息不仅限于对数字信息作补充说明，而是更需要独立对外传递众多繁杂信息内容。同时，我国信息披露制度逐步完善和优化，促使上市公司披露更多的年报文本信息以满足众多投资者的信息需求。可以说，当前年报对外传递的文本信息内容呈现不断递增的趋势，年报文本信息更大程度上是一种独立信息传递机制。因此，相对于通过数字信息的间接影响，证券交易所年报问询的威慑力会更多地直接影响年报文本信息，提高年报可读性。此外，与年报文本信息相比，年报数字信息的表达方式十分明确和清晰，且受到审计师的审计鉴证，公司管理层对年报数字信息操纵的风险和成本更大。年报文本信息本身具有灵活性和丰富性，能通过更为含蓄或委婉的方式传递信息，且难以受到明确的披露规则约束，其可操纵的空间更大，更不易被投资者识破。基于成本收益原则，公司管理层会更多地选择增加模糊性语句、复杂专业词语或文本信息长度，而较少地直接操纵年报数字信息的真实性，来隐匿或掩饰公司的不良消息。因此，在管理层更可能选择调整年报文本可读性的情况下，证券交易所年报问询直接降低年报文本信息模糊动机，促进年报可读性的作用会表现得更明显。可以预期，与通过约束数字信息操纵进而间接提高年报可读性相比，证券交易所年报问询会更多地直接提高上市公司年报的可读性。由此，基于上述分析，本章提出以下

研究假设:

H5-2:与间接影响相比,证券交易所年报问询对上市公司年报可读性的直接影响占主导地位。

5.3 研 究 设 计

5.3.1 数据来源与样本选取

本章仍然以 2015 年作为研究的起始时间,选取 2015~2018 年我国 A 股上市公司为研究样本,其中剔除了金融行业样本、ST、*ST 及 SST 类样本以及数据缺失的样本。经上述处理,最终获得样本公司 4 年非平衡面板数据,共计 8 653 个有效公司年观测值。本章主要财务数据均来源于 CSMAR 数据库,上市公司年报和证券交易所年报问询函文本均由 Python 语言分别批量爬取自上交所和深交所官方网站。在获取年报和年报问询函 PDF 文件后,采用 Python 的 Pdfminer 模块对原始文件作解析,将其转换为 csv 文档以供后续进一步处理。其中,是否收到交易所年报问询函、年报问询各项特征数据以及年报可读性数据均基于 Python 的 Pandas 模块提取统计所得。为了克服异端值的影响,本章对连续变量均进行了 1% 及 99% 分位的 Winsorize 处理。

5.3.2 变量设定

(1) 年报可读性的度量。国外有关可读性的研究起步较早,目前可读性较为成熟的经典度量方法源自英文文本的度量,主要通过统计英文句子特征和词语特征等不同维度的语言要素进行量化。对于会计金融领域英文文本可读性的度量,现有研究大多根据可读性公式计算可读性指数,其中应用最广和最具代表性的是 Fog 指数,即由文本中平均句子长度和复杂词语(超过两个音节的词）加权而成，相关研究文献包括李（Li，2008）、劳论斯（Law-rence，2013）、赫萨扎德和巴拉弗山（Hesarzadeh & Bazrafshan，2018）、阿贝纳希等（Abernathy et al.，2019）。洛克伦和麦克唐纳（2014）认为 Fog 指数用于金融领域文本可读性的度量仍具有不恰当性，其计算指标缺乏易得性和可验证性。因此，有研究选择采用单一指标的度量方法，如文件大小、文本长度等（Loughran & McDonald，2014；Ertugrul et al.，2017）。借鉴国外可读性的度量方法，我国学者对中文文本可读性度量作了有益尝试，目前通常采用的方法为：使用多个指标分别从不同层面测度可读性，如完整句子比例（丘心颖等，2016）、文本页数（逯东等，2019）等；或将多个指标通过标准化、赋权等一系列处理合成单一指标进行度量（吉利等，2016；江媛和王治，2018；孙文章，2019）；抑或基于财报特征利用机器学习生成文本可读性水平（任宏达和王琨，2018）等，但我国目前仍缺乏成熟的可读性公式和统一的评价方法。基于当前国内外研究成果，本章选取可能有效表征年报可读性的 4 个关键特征，从字、词、句以及句间逻辑关系这 4 个维度分别设定年报文本可读性量化标准，具体指标如下：

①常用字密度。与生僻字相比，年报中常用字出现的频次越多，越能够提升年报使用者阅读顺畅度，年报文本就越容易被读懂，其可理解性越强。借鉴王克敏等（2018）的研究，本章依据《现代汉语常用字表》（1988）① 筛选出年报文本中的所有常用字，将常用字占年报总字数的比例定义为常用字密度。常用字密度越高，年报可读性越强。

②专业词语密度。专业词语是文本阅读难度的一个重要标志，美国证券监督管理委员会（SEC）在简明英语规则（plain english rule）中表明，使用法律和金融词语会使得文本可读性降低。年报中包含诸多会计专业词语，专业词语出现频率越高，普通投资者的年报阅读门槛也越高，年报理解难度就越大。参考逯东等（2019）、王克敏等（2018）的研究，本章基于《灵格斯

---

① 字表可见 https：//www.zdic.net/zd/zb/cc1/。本章使用 Python 语言从网页爬取字表。

汉英会计词典》（2008）[1] 统计年报中出现的会计金融类专业术语占年报总字数的比例，将其作为专业词语密度指标。专业词语出现的比例越低，即专业词语密度越低，年报可读性越强。

③平均句长。年报语句长度对于年报使用者阅读的顺畅性具有重要作用，其中短句简明易读、短小精悍，有利于读者的理解和记忆，而长句结构和逻辑层次复杂，会增加年报的阅读难度。因此，年报文本平均句长可以作为反映年报信息是否简明、清晰、易读的一项有效指标。依据陈霄等（2018）的研究，本章统计年报中表示句尾的标点符号数量（包括句号、问号和感叹号）[2] 和年报总字数，以此计算每句话的平均含字量，即平均句长。年报平均句长越短，年报可读性越强。

④逆接成分密度。年报文本中的逻辑关系复杂程度直接关系到年报的易读性和可理解性。语句或段落之间包含的逆接成分（表现为"虽然""但是""而"等）越多，上下文之间的意思表示的差异性就越大，语言逻辑就相对复杂，由此增加了年报的复杂性和阅读难度。鉴于此，借鉴廖秋忠（1986）的研究，本章用年报文本中包含的逆接成分占年报总字数的比例作为逆接成分密度指标。逆接成分密度越低，年报文本逻辑关系越简单易懂，年报可读性越强。

结合上述4项可读性定量标准，即常用字密度、专业词语密度、平均句长和逆接成分密度。参考吉利等（2016）研究，进一步将其作以同向化、归一化处理，归一化公式如下所示：

$$归一化数值 = \frac{实际值 - 最小值}{最大值 - 最小值} \tag{5.1}$$

经过归一化处理的数据取值范围为 [0，1]，通过将处理后的4项指标相加合并为能够衡量年报可读性的综合指标——RA，该指标数值越大，表明年

---

① 词典的词库文件为 ld2 格式，本章使用基于 java 的 lingoes-extractor 软件将其转为 txt 文件。

② 本章未使用平均句顿含字量表示年报可读性，原因在于：表示语句停顿的标点符号通常包括逗号、冒号、分号和顿号，其中逗号通常在文本标点中占比最大。由于年报的特殊性，年报中诸多会计数字以逗号间隔，Python 在读取年报信息时并不能有效区分文本信息和数字信息中的逗号，致使该指标的统计不精确。

报可读性越高。

（2）证券交易所年报问询的度量。为了避免证券交易所多轮问询的重复性影响，本章仅保留当年上市公司收到的首封年报问询函。参考布朗等（2018）及李晓溪等（2019a）的相关研究，将证券交易所年报问询变量定义为虚拟变量（Inq），即当年上市公司收到年报问询函时取值为1；否则，取值为0。同时，进一步设定证券交易所年报问询特征变量，以反映当年上市公司被交易所问询的严重程度：当年收到年报问询函的次数（Inq_Num）；当年收到年报问询函中的问题个数（$Ques\_Num$）；当年收到年报问询函中问题的平均字符数（$Ques\_Char$），当年上市公司收到年报问询函的次数越多、年报问询函中包含的问题数越多以及问题的平均字符数越大（问题越长），当年受到的问询严重程度就越大。此外，证券交易所年报问询还会要求"会计师事务所、律师事务所等中介机构发表专业审核意见"，本章以此设置虚拟变量（$Verify$），即当年上市公司收到的年报问询函要求"中介机构发表专业审核意见"时取值为1，否则，取值为0。

（3）数字信息操纵的度量。管理层年报数字信息操纵最常见的表现就是对年报盈余信息的操纵，即盈余操纵。而应计操纵是公司利用会计估计的自由裁量空间对年报盈余进行调整、实现盈余操纵最为主要的手段（李宾和杨济华，2017；黄华等，2020）。可以说，应计操纵是能够有效反映公司管理层盈余操纵的关键指标。因此，本章采用波尔和库瓦库玛（Ball & Shivakumar，2006）的非线性琼斯模型测度应计操纵水平，以此反映管理层数字信息操纵。具体计算公式如下：

$$\frac{TA_{it}}{A_{it-1}} = \alpha_0 + \alpha_1 \frac{\Delta REV_{it}}{A_{it-1}} + \alpha_2 \frac{PPE_{it}}{A_{it-1}} + \alpha_3 \frac{DVAR_{it}}{A_{it-1}} + \alpha_4 \frac{DVAR_{it} \times CFO_{it}}{A_{it-1}} + \varepsilon_{it}$$

(5.2)

其中，TA_{it}为公司i在第t年的总应计利润；A_{it-1}为公司i第$t-1$期的期末总资产；ΔREV_{it}表示的是公司主营业务收入的增加额；PPE_{it}为公司期末固定资产总额；$DVAR_{it}$为虚拟变量，当CFO_{it}小于零时取1，反之为0；CFO_{it}为公司经营活动现金流净额。根据模型（6.5）分行业分年度回归，得到残差值即为操纵性应计利润 *DA*，反映应计操纵水平。赫里巴尔和尼科尔斯（Hribar & Nichols，2007）认为衡量应计操纵水平时，区分方向的操纵性应计利润指标要优于绝对值指标。因此，基于王兵等（2011）、弗朗西斯等（2012）、陈运森等（2019）等诸多研究，本章亦使用区分方向的操纵性应计利润 DA。

（4）其他变量。此外，为了克服遗漏变量偏误，基于翟淑萍等（2019）和李春涛等（2020）关于上市公司年报可读性的相关文献，本章在研究模型的同时控制了影响上市公司年报可读性的公司财务特征因素、公司治理特征因素、事务所层面因素、行业因素和年度因素。具体包括：每股收益率（*Eps*）、财务杠杆（*Lev*）、应收账款比率（*Rec*）、公司规模（*Size*）、账面市值比（*Btm*）、业绩波动（*Roa_Vol*）、上市年限（*Listtime*）、是否存在亏损（*Loss*）、股权集中度（*Shrhfd*）、董事长与总经理是否二职合一（*Dual*）、审计机构权威性（*Big*4）以及股权性质（*State*）。行业虚拟变量（*Industry*），根据证监会 2012 年《上市公司行业分类指引》，将制造业取两位编码，其余行业取一位编码。详细变量定义如表 5.1 所示。

表 5.1   变量定义

变量名称	变量符号	变量定义
年报可读性	*RA*	常用字密度、专业词语密度、平均句长和逆接成分密度 4 项指标经过同向、归一化处理后加总
交易所年报问询	*Inq*	当年公司收到年报问询函为 1，否则为 0
年报问询次数	*Inq_Num*	当年公司收到年报问询函的次数
年报问询函问题数	*Ques_Num*	当年公司收到年报问询函中包含的问题数
年报问询函问题的平均字符数	*Ques_Char*	当年公司收到年报问询函中问题总字符数/问题数
要求中介机构发表专业审核意见	*Verify*	若年报问询函要求中介机构（如会计师事务所、律师事务所、财务顾问等）发表专业核查意见为 1，否则为 0

变量名称	变量符号	变量定义
操纵性应计利润	DA	非线性琼斯模型回归残差，正值代表正向盈余操纵，负值代表负向盈余操纵
每股收益率	Eps	净利润/总股数
财务杠杆	Lev	期末总负债/期末总资产
应收账款比率	Rec	应收账款/营业收入
公司市值	Size	年末总市值的对数
账面市值比	Btm	资产总计/市值
业绩波动	Roa_Vol	公司过去五年业绩的标准差
上市年限	Listtime	公司上市年限
是否存在亏损	Loss	当年净利润小于 0 时为 1，否则为 0
股权集中度	Shrhfd	公司前三位大股东持股比例平方和
董事长与总经理是否二职合一	Dual	董事长与总经理兼任为 1，否则为 0
审计机构权威性	Big4	由"四大"会计师事务所审计为 1，否则为 0
股权性质	State	国有企业取值为 1，否则为 0
年份	Year	年度虚拟变量
行业	Industry	行业虚拟变量

5.3.3　模型构建

为了检验证券交易所年报问询对上市公司年报可读性的影响及影响机制，同时验证研究假设 H5 - 1 与 H5 - 2，本章构建 OLS 回归模型（5.3）、模型（5.4）和模型（5.5）：

$$RA_{it} = \alpha_0 + \alpha_1 Inq_{it} + \sum \alpha_j Control_{it} + \sum Year + \sum Industry + \varepsilon$$

$$\text{(5.3)}$$

$$DA_{it} = \beta_0 + \beta_1 Inq_{it} + \sum \beta_j Control_{it} + \sum Year + \sum Industry + \varepsilon$$

$$\text{(5.4)}$$

$$RA_{it} = \gamma_0 + \gamma_1 Inq_{it} + \gamma_2 DA_{it} + \sum \gamma_j Control_{it} + \sum Year + \sum Industry + \varepsilon$$

$$(5.5)$$

其中，RA 为年报可读性；Inq 为当年上市公司是否收到年报问询函；DA 为可操纵应计利润；$Control$ 为控制变量，包括每股收益率（Eps）、财务杠杆（Lev）、应收账款比率（Rec）、公司规模（$Size$）、账面市值比（Btm）、业绩波动（Roa_Vol）、上市年限（$Listtime$）、是否存在亏损（$Loss$）、股权集中度（$Shrhfd$）、董事长与总经理是否二职合一（$Dual$）、审计机构权威性（$Big4$）以及股权性质（$State$）；$Year$ 和 $Industry$ 分别为年份和行业虚拟变量。

模型（5.3）中系数 α_1 表示证券交易所年报问询对上市公司年报可读性的总影响，若 α_1 显著为正，则意味着收到年报问询函的上市公司年报可读性显著增强，即证券交易所年报问询能显著提高上市公司年报可读性。模型（5.4）系数 β_1 为证券交易所年报问询对操纵性应计利润的影响，若其显著为负，说明交易所年报问询能有效约束操纵性应计利润，降低年报数字信息操纵。模型（5.5）中系数 γ_2 为操纵性应计利润对年报可读性的影响，若其显著为负，则说明操纵性应计利润越高，年报可读性越低，即公司管理层通常会降低文本可读性，以掩盖数字信息操纵事实。在 β_1 和 γ_2 均显著的情况下，$\beta_1 \times \gamma_2$ 则为证券交易所年报问询通过约束数字信息操纵进而提高年报可读性的间接影响。若模型（5.5）中 γ_1 显著为正，则说明直接影响依然显著存在，即证券交易所年报问询能够直接提高上市公司年报可读性。而 γ_1/α_1 则为直接影响占总影响的比例，由此，可以对直接影响和间接影响的主导性作出判断和比较。

5.4 实证结果分析

5.4.1 描述性统计

本书研究变量的描述性统计结果如表 5.2 所示，可以看出：年报可读性

（RA）均值都为 2.672，中位数为 2.679，表示样本公司年报可读性分布均匀，标准差为 0.211，说明样本数据具备一定的分散性。是否收到年报问询函（Inq）均值为 0.088，标准差为 0.283，表示样本公司中有 8.8% 的公司收到证券交易所年报问询函，且样本值存在差异。操纵性应计利润（DA）均值与中位数均为 0.002，标准差为 0.061，说明大部分样本公司均进行了正向的应计利润操纵，即普遍虚增利润。控制变量方面，样本公司每股收益率（Eps）、公司市值（Size）的标准差较大，表明样本具有较强的分散程度；财务杠杆（Lev）、应收账款比率（Rec）普遍处于正常水平；账面市值比（Btm）均值为 0.597，表明大部分样本公司股价可能被高估；样本公司业绩波动（Roa_Vol）大部分较为稳定。上市年限（Listtime）均值说明样本公司平均具备一定年限，且样本间差距显著；存在亏损（Loss）的样本公司约有 8.8%；股权集中度（Shrhfd）平均值为 0.132，说明大多数样本公司股权较为分散；约有 27% 的样本公司存在董事长与总经理二职合一（Dual）的情形；仅有 5.4% 的样本公司由排名前四大的会计师事务所审计（Big4）；35% 的样本公司为国有企业（State）。

表 5.2　描述性统计结果

变量	样本量	均值	标准差	最小值	中位数	最大值
RA	8 653	2.672	0.211	2.124	2.679	3.148
Inq	8 653	0.088	0.283	0	0	1
DA	8 653	0.002	0.061	−0.213	0.002	0.190
Eps	8 653	0.370	0.568	−1.325	0.260	2.991
Lev	8 653	0.422	0.199	0.060	0.413	0.879
Rec	8 653	0.269	0.253	0.000	0.202	1.230
Size	8 653	23.005	1.027	21.090	22.853	26.251
Btm	8 653	0.597	0.257	0.109	0.586	1.151
Roa_Vol	8 653	0.042	0.062	0.002	0.024	0.445
Listtime	8 653	2.296	0.667	0.693	2.197	3.367

变量	样本量	均值	标准差	最小值	中位数	最大值
Loss	8 653	0.088	0.283	0	0	1
Shrhfd	8 653	0.132	0.109	0.007	0.098	0.521
Dual	8 653	0.270	0.444	0	0	1
*Big*4	8 653	0.054	0.227	0	0	1
State	8 653	0.350	0.477	0	0	1

5.4.2　主检验实证结果分析

（1）单变量检验

本章首先对样本公司年报可读性（*RA*）进行了组间差异检验，以初步验证证券交易所年报问询对上市公司年报可读性的影响。根据是否收到年报问询函，将研究样本分为两组，其中未收到年报问询函组的公司数量为 7 893，收到年报问询函组的公司数量为 760。表 5.3 报告了未收函组和收函组的组间差异检验结果，结果表明：相较于未收函组，收函组年报可读性（*RA*）显著提高，均值和中位数均在 1% 的水平上存在显著差异，初步印证了假设 5 - 1，为进一步检验提供了基础性结论。

表 5.3　　　　　　　　主要变量组间差异检验结果

变量	未收到年报问询函 N = 7 893		收到年报问询函 N = 760		均值检验	中位数检验
	均值	中位数	均值	中位数	T 值	Z 值
RA	2.669	2.677	2.700	2.697	- 3.88 ***	- 3.96 ***

注：均值差异检验为 T 检验，中位数差异检验为 Wilcoxon 秩和检验。*** 代表在 1% 的显著性水平（双尾）。

（2）多元回归检验

表 5.4 具体报告了证券交易所年报问询对上市公司年报可读性的影响实

证结果①，其中：第（1）列结果显示，证券交易所年报问询（Inq）系数为0.635，其在1%的显著性水平上显著，表明证券交易所年报问询能显著提高上市公司年报可读性，即本章假设 H5 – 1 通过实证检验。针对证券交易所年报问询严重程度方面，第（2）列报告了证券交易所年报问询次数影响上市公司年报可读性的回归结果，年报问询次数（Inq_Num）的系数在1%水平上显著为正，说明年报问询次数越多，越能显著提高上市公司年报可读性；第（3）列为证券交易所年报问询函问题数对上市公司年报可读性影响的回归结果，年报问询函问题数（Ques_Num）的系数在5%水平上显著为正，表明年报问询函问题数越多，越能显著提高上市公司年报可读性；第（4）列显示，年报问询函问题的平均字符数（Ques_Char）的系数在10%水平上显著为正，即年报问询函问题的平均字符数越多（问题越复杂），越能显著提高上市公司年报可读性。第（5）列结果表明，年报问询函要求中介机构发表专业审核意见（Verify）能显著提高上市公司年报的可读性。此外，控制变量的回归结果均基本符合理论预期及以往相关研究。

表 5.4　　　证券交易所年报问询影响上市公司年报可读性的实证结果

变量	RA				
	（1）	（2）	（3）	（4）	（5）
Inq	0.635 *** (2.65)				
Inq_Num		0.674 *** (2.96)			
Ques_Num			0.055 ** (2.52)		
Ques_Char				0.002 * (1.79)	
Verify					0.833 *** (3.15)

---

① 考虑到因变量与自变量的量级差异，本章在进行多元回归时均对因变量作扩大 100 倍处理。

续表

变量	RA				
	（1）	（2）	（3）	（4）	（5）
Eps	− 0. 252 ** (− 1. 99)	− 0. 250 ** (− 1. 97)	− 0. 248 * (− 1. 96)	− 0. 256 ** (− 2. 02)	− 0. 246 * (− 1. 94)
Lev	0. 838 (1. 60)	0. 840 (1. 60)	0. 810 (1. 55)	0. 837 (1. 60)	0. 828 (1. 58)
Rec	0. 511 *** (2. 69)	0. 522 *** (2. 74)	0. 513 *** (2. 70)	0. 507 *** (2. 66)	0. 513 *** (2. 70)
Size	4. 384 *** (25. 08)	4. 387 *** (25. 10)	4. 384 *** (25. 08)	4. 374 *** (25. 03)	4. 392 *** (25. 13)
Btm	6. 374 *** (11. 93)	6. 367 *** (11. 92)	6. 382 *** (11. 95)	6. 380 *** (11. 94)	6. 397 *** (11. 98)
Roa_Vol	0. 019 (0. 50)	0. 019 (0. 50)	0. 019 (0. 50)	0. 020 (0. 51)	0. 019 (0. 50)
Listtime	− 2. 989 *** (− 9. 39)	− 2. 991 *** (− 9. 40)	− 2. 985 *** (− 9. 38)	− 2. 972 *** (− 9. 34)	− 2. 990 *** (− 9. 40)
Loss	0. 019 (0. 08)	0. 016 (0. 07)	0. 014 (0. 06)	0. 006 (0. 03)	0. 023 (0. 10)
Shrhfd	− 6. 066 *** (− 4. 31)	− 6. 052 *** (− 4. 30)	− 6. 060 *** (− 4. 31)	− 6. 066 *** (− 4. 31)	− 6. 048 *** (− 4. 30)
Dual	0. 446 * (1. 94)	0. 448 * (1. 94)	0. 449 * (1. 95)	0. 445 * (1. 93)	0. 455 ** (1. 98)
Big4	1. 890 *** (2. 93)	1. 890 *** (2. 93)	1. 888 *** (2. 93)	1. 886 *** (2. 92)	1. 872 *** (2. 90)
State	− 1. 496 *** (− 3. 41)	− 1. 492 *** (− 3. 40)	− 1. 499 *** (− 3. 42)	− 1. 498 *** (− 3. 42)	− 1. 504 *** (− 3. 43)
Year	YES	YES	YES	YES	YES
Industry	YES	YES	YES	YES	YES
Constant	117. 408 *** (28. 19)	117. 352 *** (28. 18)	117. 420 *** (28. 19)	117. 685 *** (28. 27)	117. 241 *** (28. 15)
N	8 653	8 653	8 653	8 653	8 653
Adj R^2	0. 233	0. 233	0. 233	0. 233	0. 233

注：*** 、 ** 、 * 分别代表在 1% 、5% 、10% 的显著性水平（双尾），括号内为 t 值。

5.4.3　影响机制实证结果分析

根据温忠麟等（2004）提出的中介效应分析方法，本章进一步研究了证券交易所年报问询对上市公司年报可读性的影响机制，并在此基础上检验了证券交易所年报问询对年报可读性的直接影响和间接影响之间的主导性差别。表 5.5 第一列显示为证券交易所年报问询对操纵性应计利润的影响，证券交易所年报问询（Inq）的系数为 −0.746，且显著性水平为 5%，即年报问询函能够显著减少被问询公司的操纵性应计利润，降低公司管理层数字信息操纵。表 5.5 第二列为证券交易所年报问询对上市公司年报可读性的影响机制实证结果，结果显示：操纵性应计利润的系数 −0.027，且在 1% 的显著性水平上显著，说明证券交易所年报问询通过减少操纵性应计利润进而间接提高公司年报的可读性，即证券交易所年报问询能够通过约束公司年报数字信息操纵进而间接提高公司年报可读性。其中，直接影响占总影响的比例为 96.84%。可以看出，相对于间接影响，证券交易所年报问询会更多地直接提高公司年报文本可读性，即与间接影响相比，直接影响占主导地位。与本章预期假设一致，本章假设 H5 − 2 通过实证检验。

表 5.5　证券交易所年报问询影响上市公司年报可读性的机制实证结果

变量	DA	RA
Inq	− 0.746 ** （− 2.48）	0.617 ** （2.57）
DA		− 0.027 *** （− 2.67）
Eps	3.773 *** （20.99）	− 0.166 （− 1.27）
Lev	− 5.361 *** （− 7.64）	0.686 （1.30）

续表

变量	DA	RA
Rec	1.248 *** (5.18)	0.549 *** (2.88)
Size	0.690 ** (2.21)	4.386 *** (25.10)
Btm	4.605 *** (5.73)	6.468 *** (12.09)
Roa_Vol	-0.006 (-0.13)	0.019 (0.49)
Age	-0.864 (-0.90)	-3.003 *** (-9.44)
Loss	-5.318 *** (-17.11)	-0.142 (-0.56)
Shrhfd	-3.286 (-1.36)	-6.110 *** (-4.35)
Dual	-0.030 (-0.10)	0.445 * (1.93)
Big4	-0.297 (-0.29)	1.863 *** (2.89)
State	0.364 (0.40)	-1.491 *** (-3.40)
Year	YES	YES
Industry	YES	YES
Constant	37.210 *** (4.41)	117.739 *** (28.27)
N	8 653	8 653
Adj R^2	0.263	0.233

注：***、**、* 分别代表在1%、5%、10%的显著性水平（双尾），括号内为 t 值。

5.5　内生性与稳健性检验

5.5.1　分组回归分析

证券交易所年报问询作为上市公司外部治理的重要方式，其对公司年报可读性的影响是否会受到治理环境和其他外部治理要素的影响呢？市场化进程反映了一个地区法律制度环境和产品市场发育程度，是上市公司重要的外部治理环境，直接影响着资本运行和资源配置效率。此外，媒体报道作为公司外部治理机制，不仅通过信息发现与传播对投资者行为产生重要的影响，而且能有效补充正式的证券市场监管，对上市公司行为产生监督。因此，本章进一步讨论在不同市场化进程和媒体报道情况下，证券交易所年报问询对公司年报可读性的影响是否具有差异，具体回归结果如表 5.6 和表 5.7 所示。

表 5.6　　　　　　　　基于市场化进程的分组检验结果

变量	RA	
	市场化进程高	市场化进程低
Inq	1.186 *** (3.14)	0.452 (1.41)
Controls	YES	YES
Year	YES	YES
Industry	YES	YES
Constant	111.052 *** (18.45)	117.701 *** (21.10)
N	4 218	4 435
Adj R^2	0.265	0.239

注：*** 代表在 1% 的显著性水平（双尾），括号内为 t 值。

表 5.7 基于媒体报道的分组检验结果

变量	RA	
	媒体报道数量多	媒体报道数量少
Inq	0.687* (1.81)	0.491 (1.41)
Controls	YES	YES
Year	YES	YES
Industry	YES	YES
Constant	125.643*** (20.76)	136.434*** (21.96)
N	4 261	4 388
Adj R^2	0.248	0.199

注: ***、*分别代表在1%、10%的显著性水平（双尾），括号内为 t 值。

（1）基于市场化进程的分组检验

资本市场的有效运行离不开整体市场环境，市场化进程作为市场环境的主要标志，是影响证券交易所问询监管与上市公司信息披露行为的重要外部因素（邓祎璐等，2020；胡宁等，2020）。市场化进程越高，该区域的法律制度环境越健全，中介组织具有更强的独立性，市场完善程度越高，此时，有利于保障证券交易所年报问询执行效力和介入效率。同时，被问询公司由于处于约束性和规范性强的市场环境，其可能更会提高年报文本信息披露。因此，可以预期，相比于市场化进程低的地区，市场化进程高的地区，证券交易所年报问询对上市公司年报文可读性的影响更为明显。

基于上述分析，本章根据王小鲁等（2019）编制的《中国分省份市场化指数报告（2018）》，为了更科学地区分样本公司，将上市公司注册所在地的市场化指数高于其行业中位数的样本公司划分为市场化进程高组，反之则为市场化进程低的组，并进行分组检验，具体回归结果见表5.6。

表5.6的具体结果表明：市场化进程高的组，证券交易所年报问询的系数在1%水平上显著为正；市场化进程低的样本组，证券交易所年报问询的系

数不显著。经过组间系数差异检验发现，两组 RA 的系数在 1% 的置信水平上存在明显差异。可见，分组回归结论符合预期，即在市场化进程高的情况下，证券交易所年报问询对上市公司年报可读性的促进作用更明显。

（2）基于媒体报道的分组检验

随着资本市场的不断发展完善，媒体通过关注和曝光上市公司日常经营中的重要事项和公司管理层的重大行为决策，引致公众舆论，凭借市场机制和声誉机制，警示和遏制上市公司不良行为并重塑公司形象，是公司重要的外部治理监督机制（卢文彬等，2014）。媒体报道数量较多时，其对上市公司形成的舆论压力和市场压力更大，此时进一步加强了证券交易所年报问询的威慑效应。同时，公司管理层为了避免市场产生更为负面的反应，会更有动机和意愿积极提高其年报可读性。此外，声誉对于公司树立良好形象十分重要，证券交易所年报问询的公开，揭露了诸多公司信息披露问题，降低了管理层声誉，尤其当媒体关注程度较高时，其对公司的负面影响被进一步放大，由此迫使管理层提高年报文本信息可读性，以挽回声誉损失。

基于此，可以预期证券交易所年报问询对上市公司年报可读性的提高作用主要表现在媒体报道数量较多的样本公司中。由此，本章进一步根据网络财经新闻对上市公司报道数量的中位数，将媒体报道数量高于中位数的样本公司划分为媒体报道数量多组，反之划分为媒体报道数量少组，以此进行分组检验。表 5.7 具体列示了分组回归结果，可以看出，媒体报道数量多的样本组，证券交易所年报问询的系数在 10% 显著性水平上显著为正，而媒体报道数量少的样本组，证券交易所年报问询的系数不显著。两组的组间系数差异检验在 1% 的水平上显著，该结论符合预期，即相对于媒体报道少的公司，媒体报道多的公司，证券交易所年报问询对上市公司年报文本信息披露的影响更明显。

5.5.2　内生性问题处理

（1）基于倾向得分匹配法（PSM）的实证检验

证券交易所并非完全随机地发放年报问询函，上市公司的某些特征可能导致年报问询函的发放具有针对性，由此带来一定的内生性问题。为了降低该内生性问题的影响，本章采用倾向得分匹配法（PSM）进一步分析证券交易所年报问询对公司年报可读性的影响。具体步骤为：以样本期间当年未收到证券交易所年报问询的上市公司作为匹配样本，同时结合波扎尼克等（Bozanic et al.，2017）、张俊生等（2018）和李晓溪等（2019a）等现有诸多研究，从公司内部控制、财务状况、公司特征以及审计师等多维度选取影响公司是否被交易所问询的主要变量作为匹配依据，构建 PSM 第一阶段回归模型①。随后，使用最近邻 1∶1 匹配方法，根据倾向得分值对全部样本上市公司作无放回一对一匹配，为当年收到交易所年报问询函的上市公司匹配对照样本，最终得到 1 329 个公司年观测值。表 5.8 列示了 PSM 第一阶段结果，公司内部控制缺陷越大、账面市值比越低、上市年限越长、审计机构权威性越低、非国企、公司规模越小，其被交易所年报问询的可能性越大。表 5.8 第一列显示该模型卡方检验在 1% 水平下显著且伪 R^2 为 0.115，说明该匹配模型具有较强的解释力。重新以匹配后的样本对 PSM 第一阶段模型进行估计，表 5.8 第二列显示，该回归中所有解释变量均不显著，模型未通过卡方检验且伪 R^2 为 0.012，说明该模型解释力差。由此证明，经 PSM 匹配后，收到年报问询函的样本与未收到年报问询函的样本之间的差异被消除。

表 5.8　　　　　　　　　　　PSM 第一阶段实证结果

变量	Inq	
	匹配前	匹配后
L. Ic_Weak	0. 321 *** (3. 42)	− 0. 025 (− 0. 20)
L. Btm	− 0. 598 *** (− 2. 59)	− 0. 279 (− 0. 92)

---

① 证券交易所当年收到的问询函针对的是上一年的公司年报，因此构建 PSM 第一阶段模型时相关公司特征数据需要滞后一期。为了防止删除空缺值造成较大的样本损失，本章在匹配样本时并未删除空缺值，因而匹配后样本为 1 329、基于 PSM 的主检验回归样本为 1 330，两者之间存在微小差异，但并不影响结论。

续表

变量	Inq	
	匹配前	匹配后
L. Age	0.571 *** (6.55)	0.081 (0.68)
L. Loss	1.585 *** (14.27)	0.052 (0.35)
L. Big4	−0.470 * (−1.77)	−0.062 (−0.17)
L. State	−0.621 *** (−5.69)	−0.063 (−0.43)
L. Roe	0.020 (0.52)	−0.208 (−1.27)
L. Size	−0.163 *** (−2.77)	0.044 (0.53)
L. Dual	0.087 (0.88)	0.020 (0.15)
Year	YES	YES
Industry	YES	YES
Constant	0.320 (0.25)	−0.750 (−0.43)
N	8 299	1 329
Chi^2	531.203 ***	22.219
$Pseudo - R^2$	0.115	0.012

注：***、*分别代表在1%、10%的显著性水平（双尾），括号内为 z 值。

　　基于 PSM 匹配后的样本，重新实证检验证券交易所年报问询对上市公司年报可读性的影响，如表 5.9 列示了具体回归结果，可以表明：证券交易所年报问询在 1% 的水平上显著提高了上市公司年报的可读性；证券交易所年报问询次数越多、年报问询函问题数越多、年报问询函问题的平均字符数越多

（问题越复杂），其对上市公司年报可读性的提高作用越明显。此外，年报问询函要求中介机构发表专业审核意见会明显提高上市公司年报的可读性。这与本章前述主检验结论一致，说明本章研究结果稳健。

表 5.9 基于 PSM 的主检验实证结果

变量	RA				
	（1）	（2）	（3）	（4）	（5）
Inq	1.409 ** (2.13)				
Inq_Num		1.398 ** (2.24)			
Ques_Num			0.133 ** (2.28)		
Ques_Char				0.006 ** (2.58)	
Verify					2.021 *** (2.91)
Controls	YES	YES	YES	YES	YES
Year	YES	YES	YES	YES	YES
Industry	YES	YES	YES	YES	YES
Constant	126.308 *** (11.82)	126.090 *** (11.80)	127.228 *** (11.94)	126.680 *** (11.88)	126.830 *** (11.91)
N	1 330	1 330	1 330	1 330	1 330
Adj R²	0.226	0.226	0.226	0.227	0.228

注： *** 、** 分别代表在 1%、5% 的显著性水平（双尾），括号内为 t 值。

（2）基于工具变量法的实证检验

由于存在一些无法具体观察和控制的因素，即遗漏变量，其可能会影响证券交易所年报问询，因此，本章借鉴宋献中等（2017）的研究，以是否收到年报问询函（*Inq*）的行业——省份均值构建工具变量（IV1），并运用两阶段最小二乘法（2SLS）进行实证检验，以缓解内生性问题，回归结果如表 5.10 中第一列所示。在此基础上，使用经典的构建工具变量方法，取是否收到年报问询函（Inq）的滞后一期构建工具变量（Ⅳ2），同时考虑Ⅳ1 与Ⅳ2 进一步作回归检验①，其结果如表 5.10 中第二列所示。可以看出：考虑由于遗漏变量带来的内生性问题后，证券交易所年报问询仍然显著提高上市公司年报的可读性，说明了本章实证研究结论具有稳健性。

表 5.10　　　　　　　　　　基于工具变量的主检验实证结果

变量	RA	
	（1）	（2）
Inq	1.409 * （1.79）	1.582 * （1.75）
Controls	YES	YES
Year	YES	YES
Industry	YES	YES
Constant	123.390 *** （32.57）	131.174 *** （28.35）
N	8 653	5 668
Adj R^2	0.249	0.237

注：*** 、* 分别代表在 1% 、10% 的显著性水平（双尾），括号内为 t 值。

5.5.3　稳健性检验

（1）考虑收到证券交易所季报和半年报问询函的情形

证券交易所在发放年报问询函期间亦会对上市公司的季报和半年报进行问询，此行为有可能会影响本章实证结果，因此本章进一步将年报问询扩大至财务报告问询，进行稳健性检验。此处重新设置虚拟变量（Inq2），同样仅

———————————

① 本书对工具变量的外生性和相关性检验结果表明Ⅳ1 和Ⅳ2 均具备合理性。

保留首次问询样本，将当年上市公司收到季报、半年报或者年报问询函时赋值为1；否则，赋值为0。证券交易所财务报告问询特征变量的定义与前文相同，即财务报告问询次数（Inq_Num2）、财务报告问询函问题数（$Ques\_Num2$）、财务报告问询函问题的平均字符数（$Ques\_Char2$）以及是否要求中介机构发表专业审核意见（$Verify2$）。表5.11所示为稳健性检验结果，可以看出，稳健性检验结果基本与前文一致，说明不考虑季报或半年报问询的做法不会影响本章主要结论。

表5.11　　　　　　　考虑季报、半年报问询的稳健性检验结果

变量	RA				
	（1）	（2）	（3）	（4）	（5）
$Inq2$	0.707*** (3.01)				
Inq_Num2		0.672*** (3.22)			
$Ques\_Num2$			0.059*** (2.73)		
$Ques\_Char2$				0.002** (2.11)	
$Verify2$					0.807*** (3.08)
$Controls$	YES	YES	YES	YES	YES
$Year$	YES	YES	YES	YES	YES
$Industry$	YES	YES	YES	YES	YES
$Constant$	117.298*** (28.17)	117.191*** (28.13)	117.357*** (28.18)	117.603*** (28.25)	117.280*** (28.16)
N	8 653	8 653	8 653	8 653	8 653
$Adj\ R^2$	0.233	0.233	0.233	0.233	0.233

注：***、**分别代表在1%、5%的显著性水平（双尾），括号内为t值。

（2）更换年报可读性测度方法

为了进一步验证主研究结论的稳健性，本章重新对年报可读性指标进行构建，即更换表征年报可读性指标的无量纲化方法，对年报常用字密度、专业词语密度、平均句长和逆接成分密度这 4 项指标进行标准化处理，并予以同向化，最后加总得到年报可读性测度指标——年报可读性（RA_std）。以年报可读性（RA_std）作为被解释变量，重新进行 OLS 回归，回归结果如表 5.12 所示，证券交易所年报问询函系数为 0.076，其在 5% 水平上显著为正，说明证券交易所年报问询能显著提高上市公司年报的可读性，与研究主结论一致。此外，对于证券交易所年报问询函的其他特征变量，除了年报问询函问题的平均字符数（$Ques\_Char$）对年报可读性的影响不显著之外，其余变量的系数仍然显著，由此说明本章前文研究结论基本稳健。

表 5.12　　　　　　　　　更换年报可读性测度方法的稳健性检验结果

变量	RA_std				
	（1）	（2）	（3）	（4）	（5）
Inq	0.076 ** (2.23)				
Inq_Num		0.082 ** (2.53)			
$Ques\_Num$			0.006 ** (2.06)		
$Ques\_Char$				0.000 (1.48)	
$Verify$					0.105 *** (2.78)
$Controls$	YES	YES	YES	YES	YES
$Year$	YES	YES	YES	YES	YES
$Industry$	YES	YES	YES	YES	YES

续表

变量	RA_std				
	（1）	（2）	（3）	（4）	（5）
Constant	− 7. 849 *** （ − 13. 36）	− 7. 857 *** （ − 13. 37）	− 7. 845 *** （ − 13. 35）	− 7. 815 *** （ − 13. 30）	− 7. 873 *** （ − 13. 40）
N	8 653	8 653	8 653	8 653	8 653
Adj R^2	0. 169	0. 169	0. 169	0. 169	0. 169

注： *** 、 ** 分别代表在 1% 、 5% 的显著性水平（双尾），括号内为 t 值。

（3） 安慰剂检验（Placebo Test）

为了进一步证实主检验的稳健性，本章对其进行了安慰剂测试，即将证券交易所年报问询（Inq）的观测值在样本公司间随机重新匹配，并重新作多元回归。若并非是证券交易所年报问询而是其他未被观测到的因素影响了上市公司年报的可读性，那么，随机匹配后的证券交易所年报问询（Placebo_Inq）的回归系数应该显著；若上市公司年报可读性确实受到证券交易所年报问询的影响，随机匹配后证券交易所年报问询（Placebo_Inq）的回归系数则不显著。具体结果如表 5.13 所示，主要变量的回归系数不显著，足以说明本章主要研究结论可靠。

表 5. 13　　　　　　　　　　　　安慰剂检验结果

变量	RA
Placebo_Inq	− 0. 162 （ − 0. 76）
Controls	YES
Year	YES
Industry	YES
Constant	118. 094 *** （28. 41）

续表

变量	*RA*
N	8 653
Adj R^2	0.233

注: *** 代表在1%的显著性水平（双尾），括号内为 *t* 值。

5.6　本 章 小 结

选取2015～2018年沪深A股上市公司为研究对象，本章基于Python文本挖掘技术获得是否收到证券交易所年报问询函、年报问询各项特征数据以及年报可读性基础性数据，从字、词、句以及句间逻辑关系4项衡量标准综合构建上市公司年报可读性指标，详细探讨证券交易所年报问询对上市公司年报可读性的影响及影响机制，研究发现：

第一，证券交易所年报问询能显著提高上市公司年报的可读性。同时，证券交易所年报问询次数越多、年报问询函问题数越多、年报问询函问题的平均字符数越多（问题越复杂），越能显著提高上市公司年报的可读性。此外，年报问询函要求中介机构发表专业审核意见能显著提高上市公司年报的可读性。第二，证券交易所年报问询既能够直接提高上市公司年报的可读性，又能够通过约束上市公司年报数字信息操纵进而间接提高上市公司年报的可读性。相对于间接影响，证券交易所年报问询对上市公司年报可读性的直接影响占主导地位。第三，证券交易所年报问询对上市公司年报可读性的提高作用还会受到治理环境和其他外部治理要素的影响。公司注册地的市场化进程较高、公司的媒体报道数量较多时，证券交易所年报问询对上市公司年报可读性的提高作用会更明显。

本章研究整体上可以表明，在监管实践层面，证券交易所年报问询会重点关注公司年报文本信息披露中不清晰或不明白等年报可读性问题，明确要求上市公司针对上述问题作简明易懂、逻辑清晰的补充披露，有效降低上市公司年报文本信息披露的复杂性、难懂性和模糊化，保证了年报可读性，提高年报使用者的信息解读效率。在实证检验层面，证券交易所年报问询能够有效地发挥其公司外部治理作用，提高上市公司年报文本可读性水平，同时还能约束上市公司年报数字信息操纵，通过年报数字信息与年报文本信息之间的联动效应，极大程度地提高年报文本的可读性，促使上市公司年报文本信息披露满足准确性的基本原则。研究结论不仅说明在监管转型背景下，证券交易所年报问询对促进年报文本信息披露具有一定的治理效应，同时，也为进一步从治理环境和媒体舆论监督层面加强交易所问询监管效力、发挥对上市公司年报文本信息披露的协同治理提供了重要启示。

第6章

证券交易所年报问询对上市公司年报
文本信息含量影响的实证分析

6.1　问题的提出

年度报告对外传递的公司信息是连接资本市场与上市公司的重要纽带，一直以来都是资本市场参与者关注的核心和焦点。年报披露的叙述性文本信息具有丰富的语义内涵，其传递的前瞻性、公司风险、研发创新等一系列关键信息，对有效改善公司股价效率（Muslu，2015）、加强市场参与者的公司认知（Hope et al.，2016）发挥重要作用。根据信息披露基本原则，上市公司披露的信息应当具备完整性，而年报文本信息披露是否真正意义上完整，不仅表现为形式上的信息内容齐备、无遗漏，更取决于年报文本信息是否包含有价值的增量信息或特质性信息。《公开发行证券的公司信息披露内容与格式准则第2号——年度报告的内容与格式》是对上市公司年报信息披露的具体详细规定，而增加投资者关心的信息、以投资者需求为导向、减少无用的和重复性的冗余信息披露是证监会对其历年多次修订的基本思路和主要原则。可见，证监会视角下，"有用的、实质性的、有增量价值的信息"才是真正具有含量的信息。年报文本信息含量越高，其信息的完整程度越高，向资本市场传递的信息价值就越大（孟庆斌等，2017；王雄元等，2018）。然而，公司管理层出于某种动机，往往对年报文本信息作模板化重复性的披露，主要表现为连续在季报、半年报和年报中出现完全相同的文字表述，或披露与其他公司无差异的同质性信息，这使得年报文本信息披露并未具有实质性的信息含量，且并非真正意义上符合信息披露完整性原则和要求（Brown & Tucker，2011；赵子夜等，2019）。因此，保证和提高上市公司年报文本信息含量，对于切实增加文本信息价值和决策的有用性具有十分重要的意义。

如何提升上市公司年报文本信息含量，确保信息披露实质上完整？这一直以来都是证券市场监管的重要职责。证券交易所作为市场自律监管主体，具备天然的一线监管优势，能快速、灵活地发现并处理信息披露违规行为，既是政府监管机构的有益补充，又是证券市场规范、健康和稳定发展的有力保障。新国九条明确提出"充分发挥证券交易所的自律监管职能"的要求，且伴随我国监管体制改革和监管方式创新的不断深化，诸多行政审批事项和执法工作逐步下放至证券交易所，证券交易所一线监管地位逐步提升。2013 年沪深两交易所全面推行信息披露直通车制度，加快信息披露事后监管转型，同时，更加强调信息披露的决策有用性。以问询函为代表的事后监管方式是当前证券交易所发挥其自律监管职能的有效措施。在年报审核中，证券交易所及时准确地发现披露问题，聚焦问题公司和披露违规行为开展问询并予以公开，通过一层层"刨根问底"式的问询，揭露上市公司信息披露痛处，督促上市公司补充披露更多的事实真相和有效信息，直至实现年报充分披露。在证券交易所监管模式革新的背景下，证券交易所问询能否实质上提升上市公司年报文本信息披露的完整性，提高上市公司年报文本信息含量，督促上市公司真正将信息披露原则落到实处？目前，鲜有研究对其讨论。基于此，本章着重探讨了证券交易所年报问询对上市公司年报信息含量的影响及影响机制，不仅弥补了国内相关研究领域的不足，更为进一步优化证券交易所监管机制、完善信息披露监管制度以及促进年报文本信息披露提供了依据。

6.2　理论分析与研究假设

　　管理层作为上市公司实际经营管理的主体，拥有天然的信息优势，掌握着较多的信息供给主动权。然而，公司管理者往往追求自身利益的最大化，当某些年报文本信息披露会损坏公司的良好形象、会增加公司经营风险和竞争压力或者会引发负面市场反应等情况时，管理层则会有较强的动机减少有效信息披露（Leung et al.，2015）。此时，管理层会持有"言多必失"或"多说无益"的态度披露年报文本信息，更多地披露模板化的、无实际价值的信息，使其仍在形式上满足信息披露基本原则的规定，而实质上并未对年报文本信息作充分披露，由此掩盖敏感信息或降低投资者关注度（Ben – Amar & Belgacem，2018）。纵观历年证券交易所年报问询函，可以发现几乎每一封问询函中都会要求公司作补充披露，且内容涉及公司特有信息、行业经营信息等生产经营以及公司治理的各个层面。例如：誉衡药业（股票代码：002437）于 2019 年 6 月 6 日收到深交所的年报问询函，要求公司补充披露其"各产品可能面临的特有风险及拟采取的应对措施"。晶方科技（股票代码：603005）于 2019 年 3 月 8 日收到上交所的年报问询函，要求公司对照行业信息披露指引补充披露"产业链上下游协同关系及影响等"内容。在证券交易所一线监管地位逐步提升的现实背景下，交易所年报问询无疑具有一定的威慑力（陈运森等，2019），针对年报文本信息披露不充分、不完整的部分，以年报问询函的形式发挥其监管效应，促使上市公司主动揭示风险、补充披露更多隐匿的内部信息，提高年报文本信息含量，保证年报文本信息披露的决策有用性和完整性。

　　就上市公司尚未充分披露或披露不完整的问题，证券交易所还会要求中介机构核查并发表专业核查意见，加强中介机构执业质量，形成多方监督合力，进一步督促上市公司披露更多有价值的信息。而对于未按规定合理回复、补充披露敷衍的上市公司，证券交易所会通过持续多轮次问询、实施纪律处分甚至联合证监局现场调查等措施，发挥监管协同效应。因此，在收到年报问询函后，公司管理层为了避免后续被再次问询、被检查甚至受罚，其最佳选择就是减少信息隐匿、增加有效的信息披露，由此提高年报文本信息含量。此外，证券交易所分行业监管和分类监管的实施进一步提高了信息披露监管的精准性与专业性，促使监管资源更集中地、有针对性地发现信息披露不充分的问题，公司管理层以重复性的、无价值增量信息的披露方式隐藏内部信息的行为则更容易被识别和发现，受到问询监管的可能性增加，提高了公司信息隐匿成本。因而，较高的信息隐匿成本促使公司管理层披露更多有用的、实质性的年报文本信息，降低信息披露中的逆向选择，极大程度保护了广大中小投资者的信息知情权。由此，本章预期，证券交易所年报问询会直接提高上市公司年报文本信息含量。

证券交易所要求公司作年报文本信息的补充披露，还可能是针对年报数字信息披露的进一步解释或说明。深圳证券交易所2019年5月21日向众应互联（股票代码：002464）发出年报问询函，要求公司补充说明其"管理费增长的原因及折旧费和摊销费较上年同期大幅增长的原因"。深圳证券交易所2019年5月31日对新海宜（股票代码：002089）发放的年报问询函要求公司补充解释其"经营活动产生的现金流量净额与营业收入、净利润变动不匹配的具体原因及合理性"。可以看出，证券交易所会根据年报中存疑的财务数字信息，要求公司进一步通过文字信息作详细的补充说明或解释。所以，年报数字信息和文本信息披露势必具有密切的关联，由此，本章预期证券交易所年报问询除了直接提高年报文本信息含量外，也可能会通过影响数字信息披露进而间接地提高年报文本信息含量。证券交易所并非关注数字信息本身，而更关心数字信息披露的真实性和准确性，即是否存在数字信息操纵性披露。当公司存在财务信息虚假和操纵时，管理层会最大程度减少有效的文字描述，提供与其他公司同质的信息或进行模板化的持续披露予以配合，以此掩盖自身数字信息的不真实，规避风险和投资者关注（Kravet & Muslu，2013；McClane，2019）。针对上市公司财务信息异常披露行为，证券交易所除了能及时发现并予以纠正之外，尤其会督促审计机构勤勉尽责，引导审计机构重点审查公司财务数字信息的合规性，由此进一步降低公司管理层数字信息操纵，促进数字信息披露的真实、准确、完整。此时，为了配合数字信息操纵而隐匿的文本信息内容，其披露程度会随之增加，即管理层会对外传递更多有效的真实信息，年报文本信息含量提高。因此，当证券交易所年报问询减少了管理层年报数字信息操纵时，公司年报文本信息含量则会随之间接提高。

综上所述，对于上市公司年报文本信息披露，证券交易所年报问询通过层层追问信息披露不充分、不完整的内容，促使上市公司充分揭示公司相关风险、不确定性等潜在信息，既能直接促进上市公司补充披露更多有效的信息，提高年报文本信息披露的完整性，又能通过降低年报数字信息操纵削弱管理层隐匿年报文本信息的动机，进而间接地提高年报文本信含量，使年报文本信息披露真正满足投资者的信息需求和预期。基于上述分析，本章提出以下研究假设：

H6 - 1：证券交易所年报问询会显著提高上市公司年报文本信息含量。

随着时代的变迁和当代经济的迅猛发展，现代公司价值的评估和管理层受托责任履行状况的评价对传统财务数字信息的依赖程度逐渐减弱，公司能否生存并持续为股东创造价值，很大程度上取决于公司的模式创新、平台价值、品牌优势、人才储备等方面的成效（黄世忠，2018）。这些都难以准确确认、计量并反映于财务报表数字中，需要通过更多的文字描述来对外传递。可以说，年报文本信息能够反映公司诸多重要的非财务数字信息，尤其对于当前投资者准确估计公司价值、判断公司未来发展潜力十分重要。在此情况下，年报文本信息不仅是对数字信息作补充说明，更是一种重要的独立信息传递机制。因而，相对于通过数字信息的间接影响，证券交易所年报问询会更多地直接影响年报文本信息，提高年报文本信息含量。然而，年报文本信息具有先天的灵活多样性，作为管理者来说，提供模板化文本信息不仅具有较低的信息供给成本，同时也是公司规避风险、隐蔽内部信息的有效自利工具。与其相比，年报数字信息受到更为明确的约束和监管，数字信息操纵隐蔽性小，被投资者、审计师或监管机构揭露可能性更大。因而，对于公司管理者，其更可能选择年报文本信息实现其机会主义行为，即通过重复性的信息披露或提供与市场或同行业其他公司的同质信息实现"趋同捆绑"，降低披露责任。在此情况下，证券交易所年报问询对年报文本信息含量的影响会更多地表现为直接影响。可以预期，与通过约束数字信息操纵进而间接提高年报文本信息含量相比，证券交易所年报问询会更多地直接提高上市公司年报文本信息含量。由此，基于上述分析，本章提出以下研究假设：

H6－2：与间接影响相比，证券交易所年报问询对上市公司年报文本信息含量的直接影响占主导地位。

6.3 研究设计

6.3.1 数据来源与样本选取

承接第 5 章实证分析，本章仍选择 2015～2018 年我国 A 股上市公司为研究样本，剔除金融行业样本、ST、*ST 及 SST 类样本以及数据缺失的样本，最终得到 4 年非平衡面板样本公司数据，共计 8 616 个①有效公司年观测值。本章主要财务数据均取自 CSMAR 数据库，上市公司年报和证券交易所年报问询函文本均由 Python 语言分别批量爬取自上交所和深交所官方网站。其中，是否收到交易所年报问询函、年报问询各项特征数据基于 Python 的 Pandas 模块统计所得，年报文本信息含量数据使用 Python 的 sklearn 模块计算所得。为了克服异端值的影响，本章对连续变量均进行了 1% 及 99% 分位的 Winsorize 处理。

6.3.2 变量设定

1. 年报文本信息含量

现有研究对于文本信息含量的度量主要有两种方式：一种是基于文本特

---

① 本章信息含量相关指标的计算需要使用 2014 年的年报，删除缺失值后，样本数量与前文不同。

定信息内容的披露程度进行测度，即相关信息的披露数量（Hope et al.，2016）、披露频率（Bozanic et al.，2018）、是否披露（Bao & Datta，2014）等，采用该方法的研究普遍认为公司文本信息对特定内容的披露程度越高，表明有效的信息含量越高（Li et al.，2019；李秉成等，2019）。另一种是基于文本信息整体的相似性或特质性进行测度，其中相似性即公司披露的某一文本信息与另外某一文本信息的相同程度，通常反映文本增量信息的多寡（Kravet & Muslu，2013；钱爱民和朱大鹏，2020）；特质性即公司披露的某一文本所特有的、有别于其他文本的信息，通常特有信息被认为是真正具有信息含量的文本信息（Hanley & Hoberg，2010；郝项超和苏之翔；2014）。

由于本章研究的年报文本信息并非针对某一特定内容（比如风险信息、前瞻性信息等），因此，本章基于文本信息整体的相似性和特质性来测度年报文本信息含量。现有文献仅针对于文本相似度或者文本特有信息两者之一作相关研究，而由于相似性和特质性是文本信息含量不同层面的反映，故本章认为有必要同时结合两种度量方式综合性地测度年报文本信息含量，以保证测度的全面性和科学性。具体地，本章从纵向和横向双重维度进行年报文本信息含量的度量。纵向维度方面，本章选择年报文本相似度进行测度，即公司当期披露的年报文本信息与前一期相比的相似程度；横向维度方面，本章选择年报文本特质性信息进行测度，即公司当期披露的年报文本信息所特有的、有别于同期本行业其他公司（行业层面）和其他行业公司（市场层面）的年报文本信息。具体测度过程如下：

（1）构建文本向量。利用 Python 的 jieba 模块对每个年报文本进行分词，剔除停用词（包括"的""是""和"等常用但无实际含义的词）。[①] 基于该分词结果，使用 Python 的 sklearn 模块构建全体年报文本特征集。[②] 根据全体

---

① 停用词表根据中文停用词表、哈尔滨工业大学停用词表、百度停用词表、四川大学机器智能实验室停用词库合并、去重后综合而成。

② 年报中会出现一部分罕见词，在构建特征集时，若不删除这些词，会导致下一步计算的文本向量成为一个稀疏向量，影响后文运算。使用 sklearn 模块中的 fit 命令删除罕见词，最终确定包含 7 634 个词汇的特征集。

年报文本特征集对每个年报文本作向量化处理，即为每个年报文本生成一个向量，年报文本中每个词出现的频数对应向量中的每个元素。为了保证文本向量的可比性，进一步将文本向量标准化处理，即用该文本向量除以其所包含的词汇数量，最终得到标准化后的文本向量。[①] 下面用一个简化例子展示文本向量化的具体过程：

在两个年报文本中，假设一个包含"公司从事珠宝的销售"，另一个包含"公司从事电器的生产"。①剔除停用词"的"后，两个文本的分词结果分别为"公司"、"从事"、"珠宝"、"销售"和"公司"、"从事"、"电器"、"生产"；②由此得到两个年报的文本特征集 ｛"公司"，"从事"，"珠宝"，"销售"，"电器"，"生产"｝；③第一个年报文本中，"公司""从事""珠宝""销售"均出现了 1 次，而"电器""生产"出现 0 次，该文本向量构建为 $[1, 1, 1, 1, 0, 0]^T$，同样道理，第二个年报文本向量构建为 $[1, 1, 0, 0, 1, 1]^T$；④进一步经标准化之后，两个公司的向量为 $[0.25, 0.25, 0.25, 0.25, 0, 0]^T$ 和 $[0.25, 0.25, 0, 0, 0.25, 0.25]^T$。

（2）计算年报文本相似度——纵向维度的年报文本信息含量。[②] 借鉴布朗和图克（Brown & Tucker，2011）、王雄元等（2018）、李莎等（2019）的研究，基于空间向量模型（VSM）作年报文本相似度的计算。具体计算公式如下所示：

$$\cos(\theta) = \frac{norm_{it} \times norm_{it-1}}{\| norm_{it} \| \times \| norm_{it-1} \|} \tag{6.1}$$

其中，$norm_{it}$ 为公司 i 第 t 年的年报文本标准化向量，$norm_{it-1}$ 为公司 i 第 $t-1$ 年的年报文本标准化向量，$\cos(\theta)$ 为余弦相似度。该余弦值用来衡量两个年报文本标准化向量的相似性，本章将其定义为年报文本相似度，即 $Sim = \cos(\theta)$。Sim 取值越大，两个文本向量的夹角越小，方向越接近，年报文本相似性越高，年报文本信息含量越低。

---

① 文本向量为 7 634 维的列向量。

② 通过 Python 获得文本向量后，本章将相关数据传入 Stata 软件进行后续计算。2015 年年报文本相似度的计算需要使用 2014 年年报文本向量。

（3）计算年报文本特质性信息——横向维度的年报文本信息含量。[①] 参考汉雷和霍伯格（Hanley & Hoberg，2010）、孟庆斌等（2017）的研究，本章将年报文本信息分解为标准信息和特质性信息，标准信息就是雷同的、模板化的语言文字所传递的信息，特质性信息则是能真正反映公司自身的有别于同行业其他公司（行业层面）和其他行业公司（市场层面）的文本信息。具体计算公式如下：

$$norm_{It} = \frac{1}{K-1} \sum_{j=1\,j \neq i}^{k} norm_{jt} \qquad (6.2)$$

$$norm_{Mt} = \frac{1}{Q-K} \sum_{j=1\,j \neq i}^{Q-K} norm_{jt} \qquad (6.3)$$

公式（6.2）为行业层面标准信息的计算，$norm_{It}$ 为除公司 i 之外与其同行业的其他所有公司的标准化向量的算术平均，K 为当年公司 i 所在行业的公司数量。公式（6.3）为市场层面标准信息的计算，$norm_{Mt}$ 为与公司 i 不同行业的其他所有公司的标准化向量的算术平均，Q 为整个市场的公司数量。

进一步利用行业层面标准化向量和市场层面标准化向量分解公司年报文本标准化向量，以得到特质性信息：

$$norm_{it} = \alpha_0 + \alpha_1 norm_{It} + \alpha_2 norm_{Mt} + \mu_{it} \qquad (6.4)$$

其中，α_1 为能被公司 i 同行业其他公司所解释的年报文本信息；α_2 为能被与公司 i 不同行业的其他公司所解释的年报文本信息；μ_{it} 为回归残差，是不能被行业和市场信息所解释的年报文本信息。借鉴汉雷和霍伯格（2010）的研究，残差 μ_{it} 的绝对值则为公司 i 年报文本信息披露的特质性信息[②]（记为 $Inf_i = \sum |\mu_{it}|$），即年报文本信息含量，Inf 取值越大，说明年报文本信息中包含的特质性信息越多，公司年报文本信息含量就越高。

---

① 在删除 2014 年的数据后，文本向量数据样本量依然达到约 9 600 万，分组回归每次只使用 7 634 个样本，会造成内存的极度浪费。由于 Stata 软件对于分组回归并行运算的支持并不完善，为了有效地提高运算效率，本章将数据存储类型由 long 转置为 wide，转置后样本量为 7 634，变量个数为约为 3.8 万个。

② 式（6.4）实际上是逐公司逐年回归的，其样本是文本向量的每一个元素，因此所有回归的样本数都是 7 634，回归后得到 7 634 个残差。

2. 证券交易所年报问询的度量

为了保证样本的统一性和避免证券交易所多次年报问询的重复影响，与前文一致，本章亦仅保留当年上市公司收到的首封年报问询函。参考布朗等（2018）及李晓溪等（2019a）的相关研究，将证券交易所年报问询变量定义为虚拟变量（*Inq*），即当年上市公司收到年报问询函时取值为 1；否则，取值为 0。同时，进一步设定反映当年上市公司被交易所问询严重程度的特征变量：当年收到年报问询函的次数（*Inq_Num*）；当年收到年报问询函中的问题个数（*Ques_Num*）；当年收到年报问询函中问题的平均字符数（*Ques_Char*），当年上市公司收到年报问询函的次数越多、年报问询函中包含的问题数越多以及问题的平均字符数越大（即问题越长），当年受到的问询严重程度就越大。此外，证券交易所年报问询还会要求"会计师事务所、律师事务所等中介机构发表专业审核意见"，本章以此设置虚拟变量（*Verify*），即当年上市公司收到的年报问询函要求"中介机构发表专业审核意见"时取值为 1，否则，取值为 0。

3. 数字信息操纵的度量

管理层年报数字信息操纵最常见的表现就是对年报盈余信息的操纵，即盈余操纵。而应计操纵是公司利用会计估计的自由裁量空间对年报盈余进行调整、实现盈余操纵最为主要的手段（李宾和杨济华，2017；黄华等，2020）。可以说，应计操纵是能够有效反映公司管理层盈余操纵的关键指标。因此，本章采用波尔和席瓦库马（2006）的非线性琼斯模型测度应计操纵水平，以此反映管理层数字信息操纵。具体计算公式如下：

$$\frac{TA_{it}}{A_{it-1}} = \alpha_0 + \alpha_1 \frac{\Delta REV_{it}}{A_{it-1}} + \alpha_2 \frac{PPE_{it}}{A_{it-1}} + \alpha_3 \frac{DVAR_{it}}{A_{it-1}} + \alpha_4 \frac{DVAR_{it} \times CFO_{it}}{A_{it-1}} + \varepsilon_{it}$$

$$(6.5)$$

其中，TA_{it} 为公司 i 在第 t 年的总应计利润；A_{it-1} 为公司 i 第 $t-1$ 年的期末总资产；ΔREV_{it} 表示的是公司主营业务收入的增加额；PPE_{it} 为公司期末固定资产总额；$DVAR_{it}$ 为虚拟变量，当 CFO_{it} 小于零时取 1，反之为 0；CFO_{it} 为公司经营活动现金流净额。根据模型（6.5）分行业分年度回归，得到残差值即为操纵性应计利润 *DA*，反映应计操纵水平。赫里巴尔和民科尔斯（2007）认为衡量应计操纵水平时，区分方向的操纵性应计利润指标要优于绝对值指标。因此，基于王兵等（2011）、弗朗西斯等（2012）、陈运森等（2019）等诸多研究，本章亦使用区分方向的操纵性应计利润 *DA*。

4. 其他变量

此外，为了克服遗漏变量偏误，借鉴克拉弗特和穆斯陆（Kravet & Muslu，2013）与赵子夜等（2019）相关文献，本章研究模型控制了影响上市公司年报信息含量的公司财务特征因素、公司治理特征因素、事务所层面因素、行业因素和年度因素。具体包括：净资产收益率（*Roe*）、财务杠杆（*Lev*）、存货收入比（*Inv*）、公司市值（*Size*）、账面市值比（*Btm*）、股票收益波动（*Ret_Vol*）、业绩波动（*Roa_Vol*）、公司成长性（*Growth*）、股票回报率（*Ret*）、股权集中度（*Shrhfd*）、独立董事比例（*Indir*）及审计机构权威性（*Big*4）。行业虚拟变量（*Industry*），根据证监会 2012 年《上市公司行业分类指引》，将制造业取两位编码，其余行业取一位编码。详细变量定义如表6.1列示。

表 6.1　　　　　　　　　　　　　　**变量定义**

变量名称	变量符号	变量定义
年报文本相似度	*Sim*	年报文本向量的余弦值，具体由公式（6.1）计算
年报文本特质性信息	*Inf*	年报文本向量回归残差的绝对值之和，具体由模型（6.4）计算
交易所年报问询	*Inq*	当年公司收到年报问询函为1，否则为0
年报问询次数	*Inq_Num*	当年公司收到年报问询函的次数
年报问询函问题数	*Ques_Num*	当年公司收到年报问询函中包含的问题数
年报问询函问题的平均字符数	*Ques_Char*	当年公司收到年报问询函中问题总字符数/问题数
要求中介机构发表专业审核意见	*Verify*	若年报问询函要求中介机构（如会计师事务所、律师事务所、财务顾问等）发表专业核查意见为1，否则为0
操纵性应计利润	*DA*	非线性琼斯模型回归残差，正值代表正向盈余操纵，负值代表负向盈余操纵
净资产收益率	*Roe*	净利润/股东权益平均余额
财务杠杆	*Lev*	期末总负债/期末总资产

变量名称	变量符号	变量定义
存货收入比	*Inv*	存货/营业收入
公司市值	*Size*	年末总市值的对数
账面市值比	*Btm*	资产总计/市值
股票收益波动	*Ret_Vol*	当年股票月度收益率的标准差
业绩波动	*Roa_Vol*	公司过去五年业绩的标准差
公司成长性	*Growth*	营业总收入变动额/上期营业总收入
股票回报率	*Ret*	当年 12 个月持有到期收益率
股权集中度	*Shrhfd*	公司前 3 位大股东持股比例平方和
独立董事比例	*Indir*	独立董事人数/董事会总人数
审计机构权威性	*Big*4	由"四大"事务所审计为 1，否则为 0
年份	*Year*	年度虚拟变量
行业	*Industry*	行业虚拟变量

6.3.3 模型构建

为了检验证券交易所年报问询对上市公司年报文本信息含量的影响及影响机制，同时验证研究假设 H6 – 1 与 H6 – 2，本章构建 OLS 回归模型（6.6）、模型（6.7）和模型（6.8）：

$$Sim_{it}/Inf_{it} = \alpha_0 + \alpha_1 Inq_{it} + \sum \alpha_j Control_{it} + \sum Year + \sum Industry + \varepsilon$$

$$(6.6)$$

$$DA_{it} = \beta_0 + \beta_1 Inq_{it} + \sum \beta_j Control_{it} + \sum Year + \sum Industry + \varepsilon$$

$$(6.7)$$

$$Sim_{it}/Inf_{it} = \gamma_0 + \gamma_1 Inq_{it} + \gamma_2 DA_{it} + \sum \gamma_j Control_{it} + \sum Year + \sum Industry + \varepsilon$$

$$(6.8)$$

其中，*Sim* 为年报文本相似度；*Inf* 为年报文本特质性信息；*Inq* 为当年上市公司是否收到年报问询函；*DA* 为操纵性应计利润；*Control* 为控制变量，包括净资产收益率（Roe）、财务杠杆（Lev）、存货收入比（Inv）、公司市值（Size）、账面市值比（Btm）、股票收益波动（Ret_Vol）、业绩波动（Roa_Vol）、公司成长性（Growth）、股票回报率（Ret）、股权集中度（Shrhfd）、独立董事比例（Indir）及审计机构权威性（Big4）；Year 和 Industry 分别为年份和行业虚拟变量。

模型（6.6）中系数 α_1 表示证券交易所年报问询对上市公司年报文本信息含量的总影响，若 α_1 显著为正，则意味着收到年报问询函的上市公司年报相似度降低、年报文本特质性信息增加，即证券交易所年报问询能显著提高上市公司年报文本信息含量。模型（6.7）系数 β_1 为证券交易所年报问询对操纵性应计利润的影响，若其显著为负，说明交易所年报问询能有效约束操纵性应计利润，降低年报数字信息操纵。模型（6.8）中系数 γ_2 为操纵性应计利润对年报文本信息含量的影响，若其显著为负，则说明操纵应计利润越高，年报文本信息含量越低，即公司管理层通常会降低文本信息含量，以模糊或隐匿数字信息操纵行为。在 β_1 和 γ_2 均显著的情况下，$\beta_1 \times \gamma_2$ 则为证券交易所年报问询通过约束数字信息操纵进而提高年报文本信息含量的间接影响。若模型（6.8）中 γ_1 显著为正，则说明直接影响依然显著存在，即证券交易所年报问询能够直接提高上市公司年报文本信息含量。而 γ_1 / α_1 则为直接影响占总影响的比例，可进一步比较直接影响和间接影响的主导性地位。

6.4　实证结果分析

6.4.1　描述性统计

本章研究变量的描述性统计结果如表 6.2 所示。结果显示：年报文本相似度（Sim）均值为 0.937，标准差为 0.059，说明样本公司年报文本相似度平均来说处于较高水平，且分布较集中，即纵向年报文本信息含量普遍较低。年报文本特质性信息（*Inf*）均值为 1.032，中位数为 1.024，即样本公司年报文本特质性信息分布均匀，基本处于中等水平。是否收到年报问询函（*Inq*）均值为 0.087，标准差为 0.282，表示样本公司中有 8.7% 的公司收到证券交易所年报问询函，且样本值具有一定的分散性。操纵性应计利润（*DA*）均值与中位数均为 0.002，标准差为 0.060，说明大部分样本公司均进行了正向的应计利润操纵。控制变量方面，样本公司净资产收益率（*Roe*）均值为 0.059，说明样本公司股东收益水平普遍不高；财务杠杆（*Lev*）、存货收入比（*Inv*）、公司市值（*Size*）及公司成长性（*Growth*）样本均具有较强的分散性；股票回报率（*Ret*）、账面市值比（*Btm*）均值为 0.598，表明大部分样本公司股价可能被高估；样本公司股票收益波动（*Ret_Vol*）普遍较为明显，而业绩波动（*Roa_Vol*）普遍不高，业绩较为稳定。股权集中度（*Shrhfd*）平均处于较低水平；独立董事比例（*Indir*）平均为 37.6%，分布较为集中；仅有 5.5% 的样本公司由排名前四大的事务所审计（*Big*4）。

表 6.2　　　　　　　　　　　　　描述性统计结果

变量	样本量	均值	标准差	最小值	中位数	最大值
Sim	8 616	0.937	0.059	0.646	0.955	0.991
Inf	8 616	1.032	0.086	0.861	1.024	1.300
Inq	8 616	0.087	0.282	0	0	1
DA	8 616	0.002	0.060	− 0.206	0.002	0.190
Roe	8 616	0.059	0.117	− 0.657	0.064	0.318
Lev	8 616	0.421	0.199	0.060	0.413	0.869
Inv	8 616	0.372	0.652	0.000	0.190	4.360
Size	8 616	23.006	1.028	21.090	22.853	26.251
Btm	8 616	0.598	0.257	0.109	0.586	1.151
Ret_Vol	8 616	0.128	0.068	0.037	0.112	0.390
Roa_Vol	8 616	0.042	0.060	0.002	0.024	0.426
Growth	8 616	0.233	0.520	− 0.522	0.130	3.541

续表

变量	样本量	均值	标准差	最小值	中位数	最大值
Ret	8 616	−0.023	0.520	−0.608	−0.186	2.224
Shrhfd	8 616	0.150	0.112	0.001	0.121	0.810
Indir	8 616	0.376	0.056	0	0.364	0.750
Big4	8 616	0.055	0.227	0	0	1

6.4.2　主检验实证结果分析

（1）单变量检验

在多元回归之前，本章对年报文本相似度（Sim）和年报文本特质性信息（Inf）进行了组间差异检验，以初步验证证券交易所年报问询对上市公司年报文本信息含量的影响。根据是否收到年报问询函，将研究样本分为两组，其中未收到年报问询函组的公司数量为 7 866，收到年报问询函组的公司数量为 750。表 6.3 展示了未收函组和收函组的组间差异检验结果，可知，相较于未收函组，收函组年报文本相似度（Sim）显著较低，均值和中位数均在 1% 的水平上存在显著差异；与未收函组相比，收函组年报文本特质性信息（Inf）显著较高。同样，其均值和中位数均在 1% 的水平上存在显著差异，初步印证了假设 H6－1，为多元回归检验提供了基础性结论。

表 6.3　　　　　　　　　　主要变量组间差异检验结果

变量	未收到年报问询函 N=7 866		收到年报问询函 N=750		均值检验	中位数检验
	均值	中位数	均值	中位数	T 值	Z 值
Sim	0.938	0.956	0.924	0.949	6.34 ***	5.73 ***
Inf	1.031	1.023	1.040	1.032	−2.96 ***	−3.15 ***

注：均值差异检验为 T 检验，中位数差异检验为 Wilcoxon 秩和检验。*** 代表在 1% 的显著性水平（双尾）。

（2）多元回归检验

基于纵向维度的年报文本信息含量，表 6.4 展示了证券交易所年报问询对上市公司年报文本信息含量的影响实证结果①，其中：第（1）列结果显示，证券交易所年报问询（Inq）系数为 -1.700，其在 1% 的显著性水平上显著，表明收到年报问询函的上市公司年报文本相似度显著降低，即证券交易所年报问询能显著提高上市公司年报文本信息含量，本章假设 H6 - 1 通过实证检验。考虑证券交易所年报问询的严重程度，第（2）列报告了证券交易所年报问询次数影响公司年报文本相似度的回归结果，年报问询次数（Inq_Num）的系数在 1% 水平显著为负，由此说明年报问询次数越多，越能显著降低上市公司年报文本相似度；第（3）列为证券交易所年报问询函问题数对公司年报文本相似度影响的回归结果，年报问询函问题数（Ques_Num）的系数在 1% 水平显著为负，表明年报问询函问题数越多，上市公司年报文本相似度越能显著降低；第（4）列显示年报问询函问题的平均字符数（Ques_Char）的系数在 1% 水平显著为负，即年报问询函问题的平均字符数越多（问题越复杂），越能显著降低上市公司年报文本相似度。第（5）列回归结果表明，年报问询函要求中介机构发表专业审核意见（Verify）能显著降低上市公司年报文本相似度，即显著提高纵向维度的年报文本信息含量。此外，实证检验中控制变量的回归结果均基本符合理论预期及以往相关研究。

表6.4　证券交易所年报问询影响上市公司年报文本信息含量的实证结果（A）

变量	纵向维度年报文本信息含量（Sim）				
	（1）	（2）	（3）	（4）	（5）
Inq	-1.700 *** （-6.59）				
Inq_Num		-1.593 *** （-6.48）			

---

① 考虑到因变量与自变量的量级差异，本章在进行多元回归时均对因变量作扩大 100 倍处理。

续表

变量	纵向维度年报文本信息含量（Sim）				
	（1）	（2）	（3）	（4）	（5）
Ques_Num			−0.141 *** （−5.90）		
Ques_Char				−0.005 *** （−5.62）	
Verify					−1.567 *** （−5.41）
Roe	0.013 （0.16）	0.012 （0.14）	0.008 （0.10）	0.024 （0.29）	0.012 （0.14）
Lev	1.287 ** （2.49）	1.277 ** （2.47）	1.282 ** （2.48）	1.205 ** （2.33）	1.230 ** （2.37）
Inv	−0.006 （−0.29）	−0.007 （−0.35）	−0.006 （−0.30）	−0.006 （−0.31）	−0.005 （−0.25）
Size	0.034 （0.33）	0.034 （0.33）	0.039 （0.38）	0.043 （0.42）	0.040 （0.38）
Btm	−1.119 ** （−2.53）	−1.109 ** （−2.51）	−1.090 ** （−2.47）	−1.091 ** （−2.47）	−1.102 ** （−2.49）
Ret_Vol	−1.488 （−1.60）	−1.472 （−1.58）	−1.556 * （−1.67）	−1.666 * （−1.79）	−1.733 * （−1.87）
Roa_Vol	−0.037 （−0.84）	−0.037 （−0.84）	−0.037 （−0.85）	−0.037 （−0.85）	−0.037 （−0.85）
Growth	−0.172 *** （−16.26）	−0.172 *** （−16.25）	−0.172 *** （−16.26）	−0.171 *** （−16.22）	−0.171 *** （−16.21）
Ret	−1.561 *** （−8.21）	−1.566 *** （−8.24）	−1.554 *** （−8.17）	−1.536 *** （−8.08）	−1.545 *** （−8.13）
Shrhfd	1.788 ** （2.23）	1.790 ** （2.23）	1.800 ** （2.24）	1.802 ** （2.24）	1.810 ** （2.25）
Indir	−0.520 （−0.36）	−0.558 （−0.39）	−0.592 （−0.41）	−0.573 （−0.40）	−0.569 （−0.39）

续表

变量	纵向维度年报文本信息含量（Sim）				
	（1）	（2）	（3）	（4）	（5）
*Big*4	-0.746^* （-1.88）	-0.745^* （-1.88）	-0.745^* （-1.88）	-0.741^* （-1.87）	-0.735^* （-1.85）
Year	YES	YES	YES	YES	YES
Industry	YES	YES	YES	YES	YES
Constant	92.940*** （37.87）	92.955*** （37.87）	92.799*** （37.85）	92.723*** （37.80）	92.780*** （37.77）
N	8 616	8 616	8 616	8 616	8 616
Adj R^2	0.086	0.086	0.086	0.085	0.085

注：***、**、*分别代表在1%、5%、10%的显著性水平（双尾），括号内为 *t* 值。

　　基于横向维度的年报文本信息含量，表6.5报告了证券交易所年报问询对上市公司年报文本信息含量的影响实证结果，其中：第（1）列证券交易所年报问询（*Inq*）系数为0.380，其在5%的显著性水平上显著，表明收到年报问询函的上市公司年报特质性信息显著增加，即证券交易所年报问询能显著提高上市公司年报文本信息含量，本章假设 H6－1 通过实证检验。考虑证券交易所年报问询的严重程度，第（2）列回归结果显示，年报问询次数（*Inq_Num*）的系数在5%水平显著为正，说明年报问询次数越多，越能显著提高上市公司年报文本特质性信息；第（3）列中年报问询函问题数（*Ques_Num*）的系数在5%水平显著为正，表明年报问询函问题数越多，上市公司年报文本特质性信息越能显著增加；第（4）列显示年报问询函问题的平均字符数（*Ques_Char*）的系数在1%水平上显著为正，即年报问询函问题的平均字符数越多（问题越复杂），越能显著增加上市公司年报文本特质性信息。此外，第（5）列回归结果表明，年报问询函要求中介机构发表专业审核意见（*Verify*）能在1%的显著性水平上显著增加上市公司年报文本特质性信息，即显著提高横向维度的年报文本信息含量。同样，实证检验中控制变量的回归结果大部分均基本符合理论预期及以往相关研究。

表 6.5   证券交易所年报问询影响上市公司年报文本信息含量的实证结果（B）

变量	横向维度年报文本信息含量（*Inf*）				
	（1）	（2）	（3）	（4）	（5）
Inq	0.380 ** (2.11)				
Inq_Num		0.354 ** (2.06)			
Ques_Num			0.033 ** (2.03)		
Ques_Char				0.002 *** (2.96)	
Verify					0.522 *** (2.62)
Roe	−0.192 *** (−3.47)	−0.192 *** (−3.47)	−0.191 *** (−3.44)	−0.193 *** (−3.48)	−0.189 *** (−3.41)
Lev	1.640 *** (3.12)	1.641 *** (3.12)	1.624 *** (3.08)	1.633 *** (3.10)	1.630 *** (3.10)
Inv	−0.014 (−0.92)	−0.013 (−0.88)	−0.014 (−0.91)	−0.014 (−0.91)	−0.014 (−0.95)
Size	−0.212 * (−1.75)	−0.213 * (−1.75)	−0.212 * (−1.74)	−0.209 * (−1.72)	−0.208 * (−1.71)
Btm	−0.277 (−0.67)	−0.280 (−0.68)	−0.276 (−0.67)	−0.262 (−0.63)	−0.261 (−0.63)
Ret_Vol	−1.131 * (−1.89)	−1.138 * (−1.90)	−1.130 * (−1.89)	−1.121 * (−1.88)	−1.094 * (−1.84)
Roa_Vol	−0.030 (−1.02)	−0.030 (−1.02)	−0.030 (−1.02)	−0.030 (−1.02)	−0.030 (−1.02)
Growth	−0.008 (−0.91)	−0.008 (−0.92)	−0.008 (−0.91)	−0.008 (−0.93)	−0.008 (−0.95)

续表

变量	横向维度年报文本信息含量（Inf）				
	(1)	(2)	(3)	(4)	(5)
Ret	0.322 *** (2.64)	0.324 *** (2.65)	0.321 *** (2.63)	0.321 *** (2.63)	0.322 *** (2.64)
Shrhfd	2.173 ** (2.12)	2.176 ** (2.13)	2.176 ** (2.13)	2.197 ** (2.15)	2.187 ** (2.14)
Indir	2.854 ** (2.11)	2.862 ** (2.12)	2.859 ** (2.12)	2.845 ** (2.11)	2.830 ** (2.09)
Big4	3.857 *** (8.28)	3.856 *** (8.28)	3.857 *** (8.28)	3.853 *** (8.28)	3.846 *** (8.26)
Year	YES	YES	YES	YES	YES
Industry	YES	YES	YES	YES	YES
Constant	108.038 *** (35.97)	108.048 *** (35.97)	108.033 *** (35.96)	107.955 *** (35.95)	107.929 *** (35.92)
N	8 616	8 616	8 616	8 616	8 616
Adj R^2	0.179	0.179	0.179	0.179	0.179

注：***、**、*分别代表在1%、5%、10%的显著性水平（双尾），括号内为 t 值。

6.4.3 影响机制实证结果分析

根据温忠麟等（2004）提出的中介效应逐步回归分析方法，本章进一步研究了证券交易所年报问询对上市公司年报文本信息含量的影响机制，并在此基础上检验了交易所年报问询对年报文本信息含量的直接影响和间接影响之间的主导性差别。表6.6第一列显示为证券交易所年报问询对操纵性应计利润的影响，证券交易所年报问询（Inq）的系数为 -0.611，且显著性水平为5%，即收到年报问询函能够显著减少被问询公司的操纵性应计利润，降低公司管理层数字信息操纵。基于纵向维度的年报文本信息含量，表6.6第二列报告了影响机制的检验结果。对于公司年报文本相似度（Sim），操纵性应

计利润的系数为 - 0.002，且不显著，说明证券交易所年报问询对上市公司年报文本相似度的间接影响不显著。① 对于试图配合盈余数字信息操纵的管理层而言，一方面，其会选择采用纵向模板化的年报文本信息披露策略，即提供与公司上期相似的年报文本信息；另一方面，其也会选择横向模板化的披露，即披露与同行业和市场中其他公司同质的年报文本信息，实现与其他公司的"趋同捆绑"。而这两种行为带来了两种相反的结果，即纵向模板化披露增加了公司本期与上期的年报文本相似度；由于行业和市场信息处于不断变化的状态，采用横向模板化披露，虽然增加了与其他公司雷同的信息，但是也会降低公司自身本期与上期的年报文本相似度。这两种披露行为的目的具有一致性，都是为了配合年报数字信息操纵、降低投资者关注度，但其对公司年报文本相似度产生了两种相反的作用，由此，导致了上述间接影响不显著。

此外，基于横向维度的年报文本信息含量，表 6.6 第三列报告了影响机制的检验结果。对于公司年报文本特质性信息（Inf），操纵性应计利润的系数为 - 0.018，且在 5% 的显著性水平上显著，说明证券交易所年报问询通过减少操纵性应计利润进而间接增加公司年报文本特质性信息，即证券交易所年报问询能够通过约束公司年报数字信息操纵进而间接提高公司横向维度的年报文本信息含量。其中，直接影响占总影响的比例为 97.14%，可以看出，相对于间接影响，证券交易所年报问询会更多地直接增加公司年报文本特质性信息，提高年报文本信息含量，与间接影响相比，直接影响占主导地位。这一结论与本章预期假设一致，假设 H6 - 2 通过实证检验。该结论进一步揭示了一个有趣的现象，面对年报数字信息操纵，管理层持有"言多必失"的态度有意降低年报文本信息披露中的特质性信息，利用"趋同捆绑"效应规避公司风险。而由此带来的一个结果是公司本期与上期相比，其年报文本相似度降低，即表面上纵向维度的年报文本信息含量提高。可以看出，年报文本相似度并非在真正意义上反映公司年报文本信息含量，即使公司提供与其上

---

① 本章进一步对其进行了 Sobel 检验，P 值为 0.897，未能拒绝间接影响为零的原假设。

期差异较大的年报文本信息，其也可能是与行业或市场中其他公司的同质信息，即无实际价值增量的信息。

表 6.6　　证券交易所年报问询影响上市公司年报文本信息含量的机制实证结果

变量	DA	Sim	Inf
Inq	−0.611 ** (−2.24)	−1.701 *** (−6.59)	0.373 ** (2.07)
DA		−0.002 (−0.18)	−0.018 ** (−2.48)
Roe	1.416 *** (15.95)	0.016 (0.18)	−0.169 *** (−3.01)
Lev	−6.059 *** (−10.70)	1.276 ** (2.45)	1.465 *** (2.76)
Inv	0.056 ** (2.51)	−0.006 (−0.29)	−0.013 (−0.84)
Size	0.556 *** (4.87)	0.035 (0.34)	−0.192 (−1.57)
Btm	1.386 *** (2.89)	−1.117 ** (−2.53)	−0.228 (−0.55)
Ret_Vol	1.261 (1.29)	−1.485 (−1.60)	−1.118 * (−1.87)
Roa_Vol	−0.002 (−0.04)	−0.037 (−0.84)	−0.030 (−1.03)
Growth	−0.001 (−0.09)	−0.172 *** (−16.25)	−0.008 (−0.94)
Ret	0.732 *** (3.68)	−1.560 *** (−8.20)	0.334 *** (2.73)
Shrhfd	1.127 (1.27)	1.790 ** (2.23)	2.190 ** (2.14)

续表

变量	DA	Sim	Inf
Indir	-1.973 (-1.25)	-0.523 (-0.36)	2.789 ** (2.06)
Big4	-1.230 *** (-2.82)	-0.749 * (-1.89)	3.843 *** (8.26)
Year	YES	YES	YES
Industry	YES	YES	YES
Constant	-10.291 *** (-3.82)	92.920 *** (37.82)	107.801 *** (35.88)
N	8 616	8 616	8 616
Adj R²	0.057	0.086	0.179

注: *** 、 ** 、 * 分别代表在 1%、5%、10% 的显著性水平（双尾），括号内为 t 值。

6.5　拓展性分析与稳健性检验

6.5.1　分组回归分析

媒体报道和市场竞争程度作为重要的外部治理机制和治理环境要素，其会对证券交易所问询监管与上市公司信息披露行为产生一定程度的影响。考虑到媒体报道较多、市场竞争程度较高时，被问询公司可能更有动机提高年报文本信息披露，且媒体公众监督与公司竞争压力进一步强化了证券交易所年报问询的力度与治理效应。本章进一步预期年报问询对上市公司年报文本信息披露的影响主要体现在媒体报道较多、市场竞争程度较高的样本公司中。基于此，根据媒体报道和市场竞争程度将样本公司划分为子样本进行分组检验，具体回归结果如表 6.7 和表 6.8 列示。

表 6.7　　　　　　　　　基于媒体报道的分组检验结果

变量	Sim		Inf	
	媒体报道数量多	媒体报道数量少	媒体报道数量多	媒体报道数量少
Inq	−1.759 *** (−4.99)	−1.606 *** (−4.25)	0.842 *** (2.88)	0.022 (0.09)
Roe	−0.003 (−0.03)	−0.258 (−0.66)	−0.100 (−1.57)	−1.231 *** (−4.84)
Lev	0.536 (0.66)	2.011 *** (3.03)	1.621 ** (2.02)	1.396 * (1.93)
Inv	0.010 (0.36)	−0.016 (−0.53)	0.017 (0.56)	−0.020 (−1.02)
Size	0.240 (1.50)	−0.157 (−0.92)	0.333 * (1.94)	−0.574 *** (−3.05)
Btm	−1.775 *** (−2.64)	−0.984 * (−1.64)	0.119 (0.19)	−1.849 *** (−3.24)
Ret_Vol	−0.062 (−0.06)	−4.230 ** (−2.07)	0.083 (0.10)	−2.441 * (−1.92)
Roa_Vol	−0.064 (−0.54)	−0.017 (−0.36)	−0.047 (−0.52)	−0.026 (−0.93)
Growth	−0.169 *** (−11.53)	−0.186 *** (−11.09)	−0.032 ** (−2.13)	0.009 (0.74)
Ret	−1.605 *** (−6.57)	−1.563 *** (−5.16)	0.071 (0.37)	0.318 * (1.73)
Shrhfd	0.608 (0.47)	2.401 ** (2.36)	3.821 *** (2.66)	3.641 *** (2.63)
Indir	0.713 (0.32)	−0.437 (−0.23)	1.264 (0.60)	1.069 (0.58)
Big4	−1.077 * (−1.94)	−1.091 (−1.62)	4.181 *** (7.02)	3.386 *** (4.26)
Year	YES	YES	YES	YES

续表

变量	Sim		Inf	
	媒体报道数量多	媒体报道数量少	媒体报道数量多	媒体报道数量少
Industry	YES	YES	YES	YES
Constant	88.445 *** (23.03)	97.490 *** (24.59)	94.187 *** (22.09)	119.211 *** (26.72)
N	4 242	4 370	4 242	4 370
Adj R^2	0.096	0.089	0.199	0.197

注：***、**、*分别代表在1%、5%、10%的显著性水平（双尾），括号内为 t 值。

表 6.8   基于市场竞争程度的分组检验结果

变量	Sim		Inf	
	市场竞争程度低	市场竞争程度高	市场竞争程度低	市场竞争程度高
Inq	− 1.755 *** (− 3.02)	− 1.545 *** (− 5.38)	0.222 (0.49)	0.420 ** (2.12)
Roe	0.040 (0.09)	0.029 (0.34)	− 0.357 (− 0.96)	− 0.154 *** (− 2.83)
Lev	− 0.802 (− 0.59)	1.612 *** (2.71)	0.584 (0.39)	1.138 ** (2.00)
Inv	− 0.013 (− 0.50)	− 0.009 (− 0.22)	− 0.008 (− 0.33)	− 0.011 (− 0.41)
Size	0.503 * (1.89)	− 0.085 (− 0.70)	0.040 (0.13)	− 0.176 (− 1.32)
Btm	2.163 * (1.93)	− 1.718 *** (− 3.41)	1.612 (1.49)	− 0.624 (− 1.38)
Ret_Vol	5.046 ** (2.10)	− 2.096 ** (− 2.12)	0.569 (0.31)	− 1.313 ** (− 2.08)
Roa_Vol	− 0.277 (− 1.13)	− 0.022 (− 0.50)	0.026 (0.10)	− 0.032 (− 1.14)

续表

变量	Sim		Inf	
	市场竞争程度低	市场竞争程度高	市场竞争程度低	市场竞争程度高
Growth	−0.103 *** (−6.67)	−0.246 *** (−16.35)	−0.010 (−0.51)	−0.010 (−0.97)
Ret	−1.265 *** (−2.89)	−1.511 *** (−7.29)	0.008 (0.02)	0.325 ** (2.42)
Shrhfd	3.178 (1.63)	1.028 (1.08)	1.519 (0.63)	2.739 ** (2.41)
Indir	−6.356 * (−1.81)	0.320 (0.19)	4.746 (1.42)	1.657 (1.13)
Big4	−1.585 * (−1.74)	−0.638 (−1.33)	4.124 *** (4.19)	3.512 *** (6.61)
Year	YES	YES	YES	YES
Industry	YES	YES	YES	YES
Constant	83.053 *** (13.79)	94.764 *** (32.25)	98.327 *** (13.83)	110.877 *** (32.59)
N	1 462	7 154	1 462	7 154
Adj R^2	0.100	0.096	0.186	0.191

注：*** 、** 、* 分别代表在 1% 、5% 、10% 的显著性水平（双尾），括号内为 t 值。

（1）基于媒体报道的分组检验

媒体报道凭借其较强的传播力和公众影响力，不仅充当资本市场的信息中介，而且能对公司内部人行为进行约束和监督，发挥公司治理作用（田高良等，2016；刘笑霞等，2017）。较多的媒体报道增加了上市公司的社会公众关注度，由于年报问询对外传递了公司信息披露充分性、真实性存疑等负面问题，降低了社会公众对上市公司的良好印象及信任度，因此，较多的媒体报道进一步扩大了年报问询对公司的负面影响力，导致证券交易所年报问询事件被更为广泛地传播和关注，由此带来一系列公众监督压力进一步强化了证券交易所年报问询监管的效力。此外，证券交易所年报问询传递的负面消息有损于公司管理层声誉，尤其当公司被较多的媒体关注时，其对管理层声誉的冲击会更为强烈，由此倒逼上市公司更为积极地回应信息披露不充分等问题，提高公司年报文本信息含量。因此，可以预期，媒体报道数量较多时，证券交易所年报问询对上市公司年报文本信息含量的影响作用越明显。

基于此，本章进一步探讨了不同媒体报道数量下，证券交易所年报问询对上市公司年报文本信息含量的影响是否具有差异。根据网络财经新闻对上市公司的报道数量，以报道数量中位数进行划分，将报道数量高于中位数的样本公司划分为媒体报道多组，反之划分为媒体报道少组，进行分组检验。如表 6.7 所示，对于纵向年报文本信息含量即年报文本相似度（Sim）来说，两组证券交易所年报问询的系数均在 1% 水平上显著，媒体报道多的组，证券交易所年报问询的系数较大，且组间系数差异检验在 1% 水平上显著，即相对于媒体报道少的样本公司，媒体报道多的样本公司，证券交易所年报问询的影响更明显。对于横向年报文本信息含量即年报文本特质性信息（Inf）来说，媒体报道少的组，证券交易所年报问询对上市公司年报文本特质性信息的促进作用不显著，同样组间系数差异检验在 1% 水平上显著。可见，分组回归结论符合上述预期，即在媒体报道多的情况下，证券交易所年报问询对上市公司年报文本信息含量的促进作用更明显。

（2）基于市场竞争程度的分组检验

市场竞争程度反映了公司所处的外部竞争环境，是影响证券市场监管效果和上市公司信息披露行为的重要外部因素（张传财和陈汉文，2017；傅传锐和洪运超，2018）。市场竞争程度较高时，公司面临更多来自竞争对手或潜在进入者的行业竞争压力，为了赢得更多投资者的信任并获取更多的资源，在面对证券交易所年报问询函时，上市公司管理者会更为积极努力地回应并履行信息披露义务，更主动地保证信息披露的充分性和有效性，以彰显其信息优势，由此导致证券交易所年报问询对上市公司年报文本信息含量的提高作用更明显。所以，本章基于不同市场竞争程度，进一步讨论证券交易所年报问询对上市公司年报文本信息含量的影响是否存在差异。以行业赫芬达尔指数作为市场竞争程度的代理变量，该指数越小，表明同行业中的规模相当的公司数量越多，市场竞争程度越大。以行业赫芬达尔指数中位数为基准，将高于中位数的样本公司划分为市场竞争程度高的组，反之划分为市场竞争程度低的组，进而分组检验。

表6.8所示为基于市场竞争程度分组检验的结果，对于横向维度的年报文本信息含量即年报文本特质性信息（*Inf*）来说，市场竞争程度高的组，证券交易所年报问询的系数在5%的水平上显著为正，而市场竞争程度低的组，证券交易所年报问询的系数不显著，且组间系数差异检验在1%水平上显著。可见，处于激烈竞争环境下，为了减少竞争对手的优势和资源掠夺风险，管理层会提供更多与其他公司不同的特质性信息，提高年报文本信息含量，此时，证券交易所年报问询对上市公司年报文本信息披露的监管效果明显增强。对于纵向维度的年报文本信息含量即年报文本相似度（*Sim*）来说，两组证券交易所年报问询的系数均在1%水平上显著，且组间系数差异检验在1%水平上显著。因此，对比回归系数可知，在市场竞争程度低的组，证券交易所年报问询的影响反而更明显。这说明当市场竞争环境较弱时，交易所问询更能促进公司提供与前期相似度低的年报文本信息，但此时，这些信息却与其他公司具有同质性，即并非实质性增加文本信息含量。这一结论承接了上文影响机制检验的结果，亦表明了年报文本相似度并不能客观地反映真正意义上的年报文本信息含量。

6.5.2　内生性问题处理

（1）基于倾向得分匹配法（PSM）的实证检验

上市公司的某些特征可能导致证券交易所有针对性地发放年报问询函，而并非完全随机。为了缓解由此带来的内生性问题，本章仍采用倾向得分匹配法（PSM）进一步分析证券交易所年报问询对公司年报文本信息含量的影响。具体来说，以样本期间当年未收到证券交易所年报问询的上市公司为匹配样本，同时结合波扎尼克等（2017）、张俊生等（2018）和李晓溪等（2019a）等现有诸多研究，从公司内部控制、财务状况、公司特征以及审计

师等多维度选取影响公司是否被交易所问询的主要变量作为匹配依据，构建
PSM 第一阶段回归模型。① 随后，使用最近邻 1∶1 匹配方法，根据倾向得分
值对全部样本上市公司进行无放回一对一匹配，为当年收到交易所年报问询
函的上市公司匹配对照样本，最终得到 1 317 个公司年观测值。表 6.9 列示了
PSM 第一阶段结果，公司内部控制缺陷较大、账面市值比越低、上市年限较
长、审计机构权威性越低、非国企、公司规模越小，其被交易所年报问询的
可能性更大，且表 6.9 第一列显示该模型卡方检验在 1% 水平下显著且伪 R^2
为 0.114，说明该匹配模型具有较强的解释力。进一步重新以匹配后的样本对
PSM 第一阶段模型进行估计，表 6.9 第二列显示，该回归中所有解释变量均
不显著，模型未通过卡方检验且伪 R^2 为 0.017，说明该模型解释力差。证明
了经 PSM 匹配后，收到年报问询函的样本与未收到年报问询函的样本之间的
差异已被消除。

表 6.9　　　　　　　　　　**PSM 第一阶段实证结果**

变量	Inq	
	匹配前	匹配后
$L.\ Ic\_Weak$	0.319 *** (3.38)	0.024 (0.19)
$L.\ Btm$	−0.587 ** (−2.53)	0.080 (0.27)
$L.\ Age$	0.561 *** (6.41)	0.022 (0.19)
$L.\ Loss$	1.589 *** (14.19)	0.174 (1.24)
$L.\ Big4$	−0.451 * (−1.69)	−0.059 (−0.16)

① 证券交易所当年问询针对的是上一年的公司年报，因此构建 PSM 第一阶段模型时相关公司特
征数据需要滞后一期。为了防止删除空缺值造成较大的样本损失，本章在匹配样本时并未删除空缺值，
因而匹配后样本为 1 317、后续主检验回归样本为 1 318，两者之间存在微小差异，但并不影响结论。

续表

变量	*Inq*	
	匹配前	匹配后
L. State	− 0. 616 *** (− 5. 62)	0. 222 (1. 50)
L. Roe	0. 023 (0. 56)	0. 026 (0. 48)
L. Size	− 0. 169 *** (− 2. 85)	0. 011 (0. 14)
L. Dual	0. 088 (0. 89)	− 0. 088 (− 0. 68)
Year	YES	YES
Industry	YES	YES
Constant	0. 481 (0. 37)	− 0. 222 (− 0. 13)
N	8 262	1 317
Chi^2	523. 195 ***	30. 218
Pseudo − R^2	0. 114	0. 017

注：***、**、*分别代表在1%、5%、10%的显著性水平（双尾），括号内为 Z 值。

　　基于 PSM 匹配后的样本，重新实证检验证券交易所年报问询对上市公司年报文本信息含量的影响。表 6. 10 中 Panel A 的第（1）列所示，证券交易所年报问询在 1% 的水平上显著降低了上市公司年报文本相似度，提高了纵向维度年报文本信息含量；表 6. 10 中 Panel B 的第（1）列所示，证券交易所年报问询在 10% 的水平上显著提高了上市公司年报文本特质性信息，提高了横向维度年报文本信息含量。综合来说，证券交易所年报问询显著提高了上市公司年报文本信息含量。此外，Panel A 和 Panel B 中第（2）~（5）列均显示，证券交易所年报问询次数越多、年报问询函问题数越多、年报问询函问题的平均字符数越多（问题越复杂），其越能显著降低上市公司年报文本相似度、增加上市公司年报文本特质性信息。年报问询函要求中介机构发表专业审核意见能明显减少上市公司年报文本相似度、提高年报文本特质性信息。这些研究结论均与前述主检验一致，说明本章研究结果稳健。

表 6.10　　　　　　　　　　　　基于 PSM 的主检验实证结果

变量	Panel A：纵向维度年报文本信息含量（Sim）				
	（1）	（2）	（3）	（4）	（5）
Inq	-1.247*** (-2.76)				
Inq_Num		-1.226*** (-2.87)			
Ques_Num			-0.092** (-2.33)		
Ques_Char				-0.004*** (-2.67)	
Verify					-0.882* (-1.89)
Controls	YES	YES	YES	YES	YES
Year	YES	YES	YES	YES	YES
Industry	YES	YES	YES	YES	YES
Constant	96.049*** (13.17)	96.256*** (13.19)	95.431*** (13.09)	95.568*** (13.11)	95.369*** (13.06)
N	1 318	1 318	1 318	1 318	1 318
Adj R²	0.122	0.122	0.121	0.122	0.119
变量	Panel B：横向维度年报文本信息含量（Inf）				
	（1）	（2）	（3）	（4）	（5）
Inq	0.653* (1.79)				
Inq_Num		0.647* (1.87)			

续表

变量	Panel B：横向维度年报文本信息含量（*Inf*)				
	（1）	（2）	（3）	（4）	（5）
Ques_Num		0.060 * (1.94)			
Ques_Char			0.003 ** (2.15)		
Verify					0.629 * (1.74)
Controls	YES	YES	YES	YES	YES
Year	YES	YES	YES	YES	YES
Industry	YES	YES	YES	YES	YES
Constant	126.021 *** (17.68)	125.920 *** (17.66)	126.161 *** (17.71)	126.390 *** (17.75)	126.404 *** (17.75)
N	1 318	1 318	1 318	1 318	1 318
Adj R²	0.182	0.182	0.182	0.182	0.181

注：***、**、* 分别代表在1%、5%、10%的显著性水平（双尾），括号内为 *t* 值。

（2）基于工具变量法的实证检验

考虑到证券交易所年报问询可能会受一些无法具体观察和控制的因素影响，为了解决由于遗漏变量产生的内生性问题，本章参考宋献中等（2017）的研究，以是否收到年报问询函（*Inq*）的行业—省份均值构建工具变量（IV 1），并运用两阶段最小二乘法（2SLS）进行实证检验，结果如表6.11中第（1）组列示。在此基础上，进一步使用经典的构建工具变量方法，取是否收到年报问询函（*Inq*）的滞后一期构建工具变量（IV 2），同时控制 IV 1 与 IV 2 再次回归检验①，具体如表6.11中第（2）组所示。检验结果均表明：考虑内生性问题后，证券交易所年报问询仍然显著提高上市公司年报文本信息

---

① 本书对工具变量的外生性和相关性的检验结果表明 IV 1 和 IV 2 均具备合理性。

含量，证明本章实证研究结论稳健。

表6.11　　　　　　　　　　基于工具变量的主检验实证结果

变量	（1）		（2）	
	Sim	*Inf*	*Sim*	*Inf*
Inq	− 2.265 *** （− 5.00）	1.141 ** （2.04）	− 2.646 *** （− 5.61）	1.457 ** （2.26）
Controls	YES	YES	YES	YES
Year	YES	YES	YES	YES
Industry	YES	YES	YES	YES
Constant	93.871 *** （44.02）	102.647 *** （38.96）	98.423 *** （39.14）	104.194 *** （30.34）
N	8 616	8 616	5 640	5 640
Adj R²	0.081	0.190	0.097	0.175

注：***、** 分别代表在1%、5%的显著性水平（双尾），括号内为 t 值。

6.5.3　稳健性检验

（1）考虑收到证券交易所季报和半年报问询函的情形

由于当年证券交易所发放的针对季报和半年报的问询函有可能会对本章实证结果产生影响，因此本章进一步将研究对象扩大至财务报告问询（包括季报、半年报和年报）作稳健性检验。此处重新设置虚拟变量（*Inq*2），即当年上市公司收到季报、半年报或者年报问询函时取值为1；否则，取值为0，此处同样仅保留首次问询样本。证券交易所财务报告问询特征的定义与前文变量定义类似，即财务报告问询次数（*Inq_Num*2）、财务报告问询函问题数（*Ques_Num*2）、财务报告问询函问题的平均字符数（*Ques_Char*2）以及是否要求中介机构发表专业审核意见（*Verify*2）。稳健性检验结果如表6.12所示，可以看出，此处的检验结果与前文的主检验一致，说明未考虑季报或半年报问询函不会影响本章主要研究结论。

表 6.12 考虑季报、半年报问询的稳健性检验结果

变量	Panel A：纵向维度年报文本信息含量（*Sim*）				
	（1）	（2）	（3）	（4）	（5）
Inq	−1.656 *** （−6.56）				
Inq_Num2		−1.445 *** （−6.41）			
Ques_Num2			−0.140 *** （−5.88）		
Ques_Char2				−0.005 *** （−5.71）	
Verify2					−1.582 *** （−5.50）
Controls	YES	YES	YES	YES	YES
Year	YES	YES	YES	YES	YES
Industry	YES	YES	YES	YES	YES
Constant	92.995 *** （37.86）	93.025 *** （37.86）	92.810 *** （37.83）	92.783 *** （37.80）	92.781 *** （37.78）
N	8 616	8 616	8 616	8 616	8 616
Adj R²	0.086	0.086	0.085	0.085	0.085
变量	Panel B：横向维度年报文本信息含量（*Inf*）				
	（1）	（2）	（3）	（4）	（5）
Inq2	0.330 * （1.87）				
Inq_Num2		0.273 * （1.73）			
Ques_Num2			0.032 * （1.93）		
Ques_Char2				0.002 *** （2.79）	

续表

变量	Panel B：横向维度年报文本信息含量（*Inf*）				
	（1）	（2）	（3）	（4）	（5）
Verify2					0.516 *** （2.61）
Controls	YES	YES	YES	YES	YES
Year	YES	YES	YES	YES	YES
Industry	YES	YES	YES	YES	YES
Constant	108.068 *** （35.98）	108.059 *** （35.96）	108.044 *** （35.97）	107.972 *** （35.96）	107.937 *** （35.93）
N	8 616	8 616	8 616	8 616	8 616
Adj R²	0.179	0.178	0.179	0.179	0.179

注：*** 、* 分别代表在 1% 、10% 的显著性水平（双尾），括号内为 t 值。

（2）安慰剂检验（*Placebo Test*）

为了证实主检验结果的可靠性，本章进一步实施安慰剂检验，即将证券交易所年报问询（*Inq*）的观测值在样本公司间随机重新匹配，并进一步再检验。若并非是证券交易所年报问询而是其他未被观测到的因素影响了上市公司年报文本信息含量，那么，随机匹配后的证券交易所年报问询（*Placebo_Inq*）的回归系数应该显著；若上市公司年报文本信息含量确实受到证券交易所年报问询的影响，随机匹配后证券交易所年报问询（*Placebo_Inq*）的回归系数则不显著。具体结果如表 6.13 所示，主要解释变量的回归系数不显著，证明本书主要研究结论可靠。

表 6.13　　　　　　　　　　安慰剂检验结果

变量	*Sim*	*Inf*
Placebo_Inq	0.264 （1.09）	− 0.046 （− 0.29）

变量	*Sim*	*Inf*
Controls	YES	YES
Year	YES	YES
Industry	YES	YES
Constant	92. 125 *** (37. 38)	108. 348 *** (36. 09)
N	8 616	8 616
Adj R²	0. 081	0. 178

注: *** 代表在 1% 的显著性水平（双尾），括号内为 *t* 值。

6.6 本章小结

本章以 2015 ~ 2018 年沪深 A 股上市公司为研究对象，利用 Python 自然语言处理技术提取证券交易所年报问询函及上市公司年报文本信息，基于空间向量模型，从纵向维度和横向维度同时构建上市公司年报文本信息含量指标，系统性深入讨论证券交易所年报问询对上市公司年报文本信息含量的影响及其影响机制，研究发现：

第一，从纵向维度来看，收到年报问询函的上市公司年报文本相似度显著降低；从横向维度来看，收到年报问询函的上市公司年报特质性信息显著增加；总体上，证券交易所年报问询能显著提高上市公司年报文本信息含量。同时，证券交易所年报问询次数越多、年报问询函问题数越多、年报问询函问题的平均字符数越多（问题越复杂）、当年报问询函要求中介机构发表专业审核意见时，越能显著降低上市公司年报文本相似度、越能显著增加上市公司年报文本特质性信息，即对上市公司年报文本信息含量的提高作用越明显。

第二，从纵向维度来看，证券交易所年报问询通过降低操纵性应计利润进而间接降低年报文本相似度的作用不显著，即间接影响不显著。从横向维度来看，证券交易所年报问询对上市公司年报文本特质性信息的间接影响显著，即证券交易所通过降低操纵性应计利润进而间接增加年报文本特质性信息，且相对于间接影响，证券交易所年报问询对上市公司年报文本特质性信息的直接影响占主导地位。

第三，在不同媒体报道数量和市场竞争程度下，证券交易所年报问询对上市公司年报文本信息含量的提高作用存在差异。媒体报道数量较多时，证券交易所年报问询对上市公司年报文本信息含量的促进作用更明显。较高的市场竞争程度下，管理层会提供更多与其他公司不同的特质性信息，提高横向维度的年报文本信息含量；而对于纵向年报文本信息含量即年报文本相似度来说，市场竞争程度较低时，证券交易所年报问询的影响反而更明显。

本章的研究可以表明，证券交易所年报问询督促上市公司补充披露更多的事实真相和隐匿信息，通过降低年报文本相似度、提高年报文本特质性信息，从而有效提高上市公司年报文本信息含量，最大程度地保证管理层提供有用的、实质性的、有增量价值的年报文本信息，使其真正意义上符合信息披露的完整性原则，整体上促进了上市公司年报文本信息披露。这一结论足以证明证券交易所年报问询是其发挥一线监管职能的有效手段和公司外部治理方式，对信息披露基本原则的落地、增加资本市场信息透明度和传递效率、保护广大投资者信息知情权发挥了重要的作用。

第 7 章

结论与展望

本章是对上述各章节理论分析与实证检验的总结、归纳及展望，主要包括下述三方面内容：首先，总结归纳本研究的主要结论并得出研究启示；其次，基于研究结论和启示，为进一步强化证券交易所问询监管、完善证券市场监管体系和信息披露监管机制、更好地促进上市公司年报文本信息披露提出相应对策和建议；最后，总结现有研究局限与不足，提出未来进一步研究的空间和展望。

7.1 研究结论与启示

本书立足于上市公司信息披露真实、准确和完整的基本原则框架，基于证券市场监管转型的制度背景，从证券交易所年报问询监管的外部治理视角，深入探讨其对上市公司年报文本信息披露的影响及影响机制。具体地，在梳理和回顾相关研究文献和经典理论的基础上，从直接影响和间接影响两方面分别剖析证券交易所年报问询对上市公司年报文本信披露的影响，并由此构建理论原型。在此基础上，从年报语调操纵、年报可读性及年报文本信息含量这三个维度系统性地构建实证检验模型。参照上述理论原型和实证检验模型，以 2015~2018 年我国沪深 A 股上市公司为研究样本，利用 Python 自然语言处理技术实现年报问询函与上市公司年报的文本分析，并作实证检验，最终形成有针对性和综合性的研究结论。最终本书得出以下几个方面的主要研究结论和启示：

第一，从多维视角发现了作为公司外部治理方式的证券交易所年报问询能显著促进上市公司年报文本信息披露，有效发挥其一线监管作用，切实保证了上市公司信息披露基本原则落地。该研究结论在一定程度上补充了证券市场监管的外部治理理论。

对于年报文本信息披露而言，年报语调操纵、年报可读性和年报文本信息含量是上市公司管理层实施策略性文本信息披露的主要方式和手段，也是反映上市公司是否真正履行信息披露基本原则的重要标志。在年报语调操纵方面，异常乐观语调往往代表着管理层年报语调的策略性操纵，研究结果表明，证券交易所年报问询显著减少了上市公司异常乐观语调，降低了年报语调操纵。可以说，证券交易所年报问询有效保证了年报语调真实、无偏，有助于促使上市公司年报文本信息披露满足"真实性"的基本原则。在年报可读性方面，本书从字、词、句及句间逻辑关系4个层面综合构建年报可读性指标，研究发现，证券交易所年报问询显著提高了上市公司年报可读性，即通过重点关注上市公司信息披露可读性问题，督促上市公司在规定时限内以"简明扼要、通俗易懂"的方式作补充披露，有效保证了年报可读性，促进上市公司年报文本信息披露满足"准确性"的基本原则。在年报文本信息含量方面，本书从纵向维度和横向维度同时构建了年报文本信息含量测度指标，即年报文本相似度（纵向维度的年报文本信息含量）和年报特质性信息（横向维度的年报文本信息含量）。研究结果可知，证券交易所年报问询能显著降低年报文本相似度、提高年报特质性信息，即无论是纵向维度还是横向维度，证券交易所年报问询均能显著提高年报文本信息含量，保证上市公司披露有真正价值增量的、决策有用的年报文本信息，促进了上市公司年报文本信息披露在实质上满足信息披露"完整性"原则。

在证券交易所年报问询函特征方面，研究结果显示，证券交易所年报问询程度越严重，其越能充分发挥对上市公司信息披露的约束和监管作用，越能显著促进上市公司年报文本信息披露。具体表现为：证券交易所年报问询的次数越多、年报问询函问题数越多、年报问询函问题的平均字符数越多（问题越复杂），越能显著降低年报语调操纵、越能显著提高年报可读性和年报文本信息含量。同时，当年报问询函要求中介机构发表专业审核意见时，其越能显著抑制年报语调操纵、越能显著提高年报可读性和年报文本信息含量，从整体上促进上市公司年报文本信息披露。

以上研究结论表明在监管体制改革背景下，证券交易所年报问询能充分发挥其监管职能，同时，还说明上市公司年报文本信息具有较强的可操控性，即使是表面上符合披露原则，其实质上也可能并未真正满足披露原则的要求。上市公司年报文本信息披露并不总是能如实、客观、准确地反映公司状况，其还可能是管理层为了实施印象管理、有意误导投资者决策判断的方式。公司利益相关方应当重点关注上市公司年报文本信息披露的实质内涵，避免被管理层有意误导。

第二，年报数字信息与年报文本信息之间具有关联性，除了直接促进上市公司年报文本信息披露，证券交易所年报问询还能通过约束年报数字信息操纵进而间接促进年报文本信息披露。相较于间接影响，直接影响占主导地位。该结论充分揭开了证券交易所年报问询如何影响年报文本信息披露的"黑箱"。

年报文本信息与年报数字信息之间存在关联性，上市公司年报文本信息一方面对外独立传递数字信息所不能表达的内容，另一方面是对年报数字信息的解释说明和补充，或是为了配合数字信息操纵而传递信息。年报中的财务报表具有明确的形式规范，因而大部分年报数字信息披露都遵循了"完整"的形式原则，证券交易所对年报数字信息的披露更多地关注其是否在实质上真实、准确，即是否存在数字信息操纵。本书以操纵性应计利润作为年报数字信息操纵的代理变量，实证研究表明，证券交易所年报问询能有效降低公司操纵性应计利润进而降低上市公司异常乐观语调、增加年报可读性和年报文本特质性信息，即证券交易所年报问询能通过约束年报数字信息操纵进而间接促进年报文本信息披露。进一步对比直接影响和间接影响发现，相对于间接影响，证券交易所年报问询更多地直接促进年报文本信息披露，即直接影响占据主导地位。其主要原因在于，年报数字信息受到审计师和证券监管机构较强的制约，其可操纵空间有限且数字信息操纵具有较高的被揭穿风险，因此，管理层更可能选择调整年报文本信息披露以实现其自利目的。在此情况下，证券交易所年报问询直接促进年报文本信息披露的作用会表现得更明显。

本书通过影响机制研究还发现，现有文献广泛地采用年报文本相似度来衡量年报文本信息含量，但这一测度方式可能并不完美。由于模板化、重复性披露具有较低的披露成本且能在表面上符合信息披露基本原则，因此，管理层普遍持有"言多必失"或"多说无益"的披露态度，通常选择模板化、重复性披露策略，主要表现为：沿用旧例，披露与公司前期相似的、重复性年报文本信息；或者，趋同模仿，披露与行业和市场中其他公司雷同的、模板化的年报文本信息。这两种披露策略均导致了年报文本信息含量的降低，但对年报文本相似度产生了相反的作用，即沿用旧例增加了年报文本相似度（表现为年报信息含量降低）、趋同模仿降低了年报文本相似度（表现为年报信息含量提高）。由此说明，年报文本相似度的降低可能并非真正代表年报信息含量提高。

第三，基于不同的治理环境和内外部公司治理机制，进一步发现证券交易所年报问询对公司年报文本信息披露的促进作用会受到治理环境和其他公司治理机制的影响。这一研究结论为证券交易所年报问询与公司治理环境及其他公司治理机制形成有机配合，发挥对上市公司年报文本信息披露的协同治理效应提供了重要启示。

在探讨了证券交易所年报问询对上市公司年报文本信息披露影响及其机制的基础上，进一步基于不同治理环境和公司内外部治理机制，讨论证券交易所年报问询对上市公司年报文本信息披露影响是否具有明显的差异性。就年报语调操纵而言，研究表明，非国有企业和内部控制质量低的上市公司，证券交易所年报问询对其年报语调操纵的抑制作用更为明显；就年报可读性而言，研究显示，相对于公司注册地市场化进程低和媒体报道数量少的样本公司，当市场化进程高、媒体报道数量多时，证券交易所年报问询对上市公司年报可读性的提高作用会更明显；就年报文本信息含量而言，媒体报道数量多时，证券交易所年报问询对上市公司年报文本信息含量的促进作用更明显。较高的市场竞争程度下，管理层会提供更多与其他公司不同的特质性信息，提高横向维度的年报文本信息含量；而对于纵向年报文本信息含量即年报文本相似度来说，当市场竞争程度较低时，证券交易所年报问询的影响反而更明显。由此可见，在不同治理环境和内外部治理机制下，证券交易所年报问询对上市公司年报文本信息含量的促进作用存在明显的差异性。研究结论为结合证券交易所问询监管与治理环境和其他内外部公司治理机制形成监督合力，共同促进和提升上市公司年报文本信息披露提供了有力的经验支持。

7.2　研究对策与建议

信息披露是实现资本市场信息传递、保证资源有效配置的根本所在，尤其随着资本市场的不断发展，上市公司年报文本信息披露的重要性越发凸显。本书深入探讨了证券交易所年报问询对上市公司年报文本信息披露的影响，对充分认识证券交易所一线监管地位和上市公司年报文本信息披露行为具有重要的启示和指导。同时，为完善证券市场问询监管机制、加强上市公司文本信息披露制度建设、促进上市公司提高文本信息披露水平等方面提供了依据。

第一，完善交易所问询监管机制，提高问询监管效力。证券交易所问询是证券市场监管模式重要的创新举措。近年来，我国上市公司被沪深两交易所问询的比例不断增加，交易所问询的及时性逐步提高；同时，对不同行业和重点问题的针对性监管也日臻完善，在上市公司信息披露方面发挥了有效的促进作用。然而，现阶段对于问询监管的具体实施程序及后续惩罚机制尚未有成文规定，不利于问询监管效力的充分发挥。因此，证券交易所应当明确构建触发问询监管的标准，为上市公司回复函设立具体的评价体系，针对未符合标准的回复行为建立相应的惩罚措施，在此基础上，可尝试增加问询监管的反馈与评级制度，提高被问询公司的积极性和参与度，进一步促进问询监管机制构建。在当前问询监管实践中，沪深两交易所问询监管的广度和深度方面存在较大差异，由此导致处于同一行业的不同上市公司被问询的程度和力度具有不一致性，因而有必要统一明确问询监管的标准，保证问询监管制度的公平性。此外，可考虑引入市场机制，鼓励投资者、媒体舆论等相关方警惕被问询公司、关注公司对交易所问询的回复质量，加强市场机制与问询监管机制的协同，完善交易所问询监管机制，更大程度上提高问询监管效力。

　　第二，加强上市公司文本信息披露制度规范，提升文本信息披露约束力。我国证券市场的发展历经 30 年的历史，在信息披露监管方面，证券监管机构尤其关注数字信息，并对财务数字信息的舞弊行为制定了明确且严厉的处罚措施。近年来，文本信息逐渐受到监管各方机构的重视，新修订的《证券法》明确提出，上市公司披露的信息应该"简明清晰，通俗易懂"，然而相较于发达国家，我国对文本信息披露的规范依然存在可操作性不足的问题。① 因而，我国上市公司文本信息披露大部分仍处于监管的灰色地带，为公司管理层施行策略性披露等机会主义行为提供了空间。同时，对于缺乏专业性的大部分中小投资者来说，文本信息直接关系到其对年报等公司披露的重要报告与公告的解读效果和认知程度。因此，本书认为，加强我国上市公司文本信息披露制度规范成为一个需要迫切解决的重要议题。参照发达国家经验，针对上

---

　　① 以可读性为例，中国证监会发布的《公开发行证券的公司信息披露的内容与格式准则第 2 号——年度报告的内容与格式》只是笼统地规定"以简明易懂的方式披露"相应的文本信息，而美国证监会发布的 *A Plain English Handbook* 则包括 12 章正文和 2 个附录来详细具体地指导上市公司如何使用"plain"的语言披露信息。

市公司需要披露的所有文本信息，证券监管机构应当出台可操作性更强、更具体细化的通用披露制度，制定更清晰文本信息通用披露标准，在实质性规范和约束的基础上，适当增加灵活和个性化披露。以此为基础，明确建立文本信息操纵的违规处罚机制，如给予特殊提醒、限制证券交易等方式，进一步强化文本信息披露监管制度规范，提升证券监管机构对上市公司文本信息披露的约束力。

第三，敦促上市公司积极履行文本信息披露责任，保证良好的文本信息披露水平。文本信息的灵活多样使得其往往成为公司管理层进行印象管理的自利手段，具有偏颇的或被有意粉饰的文本信息会加剧公司与资本市场之间的"信息鸿沟"，误导投资者的投资决策，最终不利于整个资本市场的信息传递和资源配置效率。上市公司应当主动、积极地履行文本信息披露的义务和责任，在实质上真正遵循信息披露原则要求，保证文本信息披露水平。对于文本信息的披露，上市公司管理层应注意下述问题：一是文本信息虽然是管理层行使其文字自由裁量权的主要方式，具有较强的灵活性，但也应当保证文本信息披露具备真实性。管理层应避免有意调整文本语调、发布异常乐观的文本信息，尤其当业绩不佳时，更应当如实、客观地披露文本信息，表现与数字信息相匹配的语调情绪，减少年报文本信息披露虚假或有偏。二是文本信息披露应当保证其准确性。根据信息披露原则，准确性主要表示为文本信息披露是否语义准确无歧义、简明扼要、通俗易懂等。由于文本信息具备天然的复杂性，因而管理层在作文本信息披露时应当注重其是否清晰、明白并且易懂，尽量使用简明扼要、短小精悍的简单句表达，减少转折词汇的运用和较多的修辞手段，保证文本信息的可读性和可理解性，降低文本信息使用者的解读成本，提高文本信息披露的准确性。三是管理层掌握着天然的信息优势，有用的、实质性的和具有真正价值增量的文本信息对促进市场参与者准确、有效地了解公司以及作决策具有重要作用，管理层应减少隐匿信息行为，避免重复性的、与其他公司同质的冗余信息披露，保证文本信息披露在实质上具备信息含量，真正满足完整性的原则要求，保证良好的文本信息披露水平。

7.3　研究局限与展望

本书基于计算机自然语言处理技术，利用大数据从多维视角系统性地深入探究了证券交易所年报问询对上市公司年报文本信息披露的影响及机制。本书拓展了上市公司信息披露相关研究的边界，但仍存在一定的局限，这些局限值得进一步深思和完善，也指明了未来研究的方向与可能。本书研究存在的主要局限表现为以下两个方面：

第一，研究方法方面。本书借鉴计算机学科的自然语言处理技术，将视野拓展至会计文本研究领域。本书提取年报文本信息的方法从本质上讲还是基于词袋模型（Bag-of-words Model），而词袋模型不仅存在语序无关问题，还在表达词与词之间的关系方面具有局限性。未来研究可以考虑使用词向量[①]等更为前沿的自然语言处理技术深入挖掘年报文本所蕴含的信息，进一步提高研究的深度和精确度。

第二，研究内容方面。本书虽然系统性地从年报语调操纵、年报可读性和年报文本信息含量这三个维度作年报文本信息披露的研究，但作为年报文本信息策略性披露的主要手段和方式，这三个维度之间可能存在一定的关联性，而本书的研究并未对此加以讨论。未来可以进一步讨论年报语调操纵、年报可读性和年报文本信息含量之间的联动关系，从而更为深入地认识和理解上市公司管理层年报文本信息披露行为。此外，本书仅立足于对上市公司信息披露内容要求的原则，即以上市公司信息披露的真实、准确和完整三项基本原则贯穿全文作分析与讨论，而对上市公司信息披露程序要求的原则并未纳入分析框架。未来研究可以从及时性、公平性等其他原则角度，进一步分析上市公司年报文本信息披露相关问题。

---

① 一个经典例子是计算机可以识别出"国王—王后"和"男人—女人"这两对词是相似的。

参考文献

[1] 陈工孟，高宁. 我国证券监管有效性的实证研究 [J]. 管理世界，2005 (7)：40－47.

[2] 陈霄，叶德珠，邓洁. 借款描述的可读性能够提高网络借款成功率吗 [J]. 中国工业经济，2018 (3)：174－192.

[3] 陈艺云. 基于信息披露文本的上市公司财务困境预测：以中文年报管理层讨论与分析为样本的研究 [J]. 中国管理科学，2019，27 (7)：23－34.

[4] 陈运森，邓祎璐，李哲. 非处罚性监管具有信息含量吗？——基于问询函的证据 [J]. 金融研究，2018a (4)：155－171.

[5] 陈运森，邓祎璐，李哲. 非行政处罚性监管能改进审计质量吗？——基于财务报告问询函的证据 [J]. 审计研究，2018b (5)：82－88.

[6] 陈运森，邓祎璐，李哲. 证券交易所一线监管的有效性研究：基于财务报告问询函的证据 [J]. 管理世界，2019，35 (3)：169－185.

[7] 邓祎璐，李哲，陈运森. 证券交易所一线监管与企业高管变更——基于问询函的证据 [J]. 管理评论，2020，32 (4)：194－205.

[8] 丁龙飞，谢获宝. 年报问询函的监管溢出效应研究——来自企业集团 A 股上市子公司的证据 [J]. 南方经济，2020 (8)：98－113.

[9] 方红星，陈作华. 高质量内部控制能有效应对特质风险和系统风险吗？[J]. 会计研究，2015 (4)：70－77.

[10] 方军雄. 转型经济中声誉机制有效性研究——来自中国审计市场的证据 [J]. 财经研究，2011，37 (12)：16－26.

[11] 冯根福. 双重委托代理理论：上市公司治理的另一种分析框架——

兼论进一步完善中国上市公司治理的新思路 [J]. 经济研究, 2004 (12): 16 - 25.

[12] 傅传锐, 洪运超. 公司治理、产品市场竞争与智力资本自愿信息披露——基于我国 A 股高科技行业的实证研究 [J]. 中国软科学, 2018 (5): 123 - 134.

[13] 傅祥斐, 崔永梅, 赵立彬. 监管问询函有风险预警作用吗?——基于证券交易所重组问询函的证据 [J]. 证券市场导报, 2020 (8): 12 - 21.

[14] 甘丽凝, 陈思, 胡珉, 等. 管理层语调与权益资本成本——基于创业板上市公司业绩说明会的经验证据 [J]. 会计研究, 2019 (6): 27 - 34.

[15] 高雷, 高田. 信息披露、代理成本与公司治理 [J]. 财经科学, 2010 (12): 34 - 42.

[16] 高利芳, 盛明泉. 证监会处罚对公司盈余管理的影响后果及机制研究 [J]. 财贸研究, 2012, 23 (1): 134 - 141.

[17] 顾群, 翟淑萍. 信息披露质量、代理成本与企业融资约束——来自深圳证券市场的经验证据 [J]. 经济与管理研究, 2013 (5): 43 - 48.

[18] 顾小龙, 张霖琳, 许金花. 证券监管处罚、公司印象管理与 CEO 过度投资 [J]. 经济管理, 2017, 39 (2): 66 - 84.

[19] 郭飞, 周泳彤. 交易所年报问询函具有信息含量吗? [J]. 证券市场导报, 2018 (7): 20 - 28.

[20] 郝项超, 苏之翔. 重大风险提示可以降低 IPO 抑价吗?——基于文本分析法的经验证据 [J]. 财经研究, 2014, 40 (5): 42 - 53.

[21] 贺康, 宋冰洁, 刘巍. 年报文本信息复杂性与资产误定价——基于文本分析的实证研究 [J]. 财经论丛, 2020 (9): 64 - 73.

[22] 贺康, 万丽梅. 政治关联与管理层语调操纵——声誉约束观还是资源支持观? [J]. 中南财经政法大学学报, 2020 (5): 17 - 27.

[23] 胡宁, 曹雅楠, 周楠, 等. 监管信息披露与债权人定价决策——基于沪深交易所年报问询函的证据 [J]. 会计研究, 2020 (3): 54 - 65.

[24] 黄超, 王敏. 管理层利用年报语调配合盈余管理了吗? [J]. 当代

经济管理，2019，41（6）：90 - 97.

[25] 黄春铃. 证券监管效率和承销商声誉——基于南方证券"麦科特事件"的案例研究 [J]. 管理世界，2005（7）：129 - 138.

[26] 黄方亮，崔红燕，任晓云，等. 年报管理层讨论与分析的语调倾向——基于 A 股市场的检验 [J]. 投资研究，2019，38（5）：19 - 42.

[27] 黄华，何威风，吴玉宇. 央企董事会试点与上市公司盈余管理行为 [J]. 会计研究，2020（7）：90 - 103.

[28] 黄世忠，杜兴强，张胜芳. 市场 政府与会计监管 [J]. 会计研究，2002（12）：3 - 11.

[29] 黄世忠. 旧标尺衡量不了新经济——论会计信息相关性的恶化与救赎 [J]. 当代会计评论，2018，11（4）：1 - 23.

[30] 黄政，吴国萍. 信息披露违规处罚的市场反应及其对投资者利益的影响 [J]. 东北师大学报（哲学社会科学版），2013（3）：66 - 71.

[31] 吉利，张丽，田静. 我国上市公司社会责任信息披露可读性研究——基于管理层权力与约束机制的视角 [J]. 会计与经济研究，2016，30（1）：21 - 33.

[32] 季华，魏明海，柳建华. 资产注入、证券市场监管与绩效 [J]. 会计研究，2010（2）：47 - 56.

[33] 贾德奎，卞世博. 招股说明书负面语调能预测 IPO 后业绩表现吗？ [J]. 金融论坛，2019，24（10）：60 - 69.

[34] 江媛，王治. 董事会报告可读性、制度环境与股权资本成本 [J]. 财经理论与实践，2018，39（5）：88 - 94.

[35] 蒋艳辉，冯楚建. MD&A 语言特征、管理层预期与未来财务业绩——来自中国创业板上市公司的经验证据 [J]. 中国软科学，2014（11）：115 - 130.

[36] 黎文靖. 会计信息披露政府监管的经济后果——来自中国证券市场的经验证据 [J]. 会计研究，2007（8）：13 - 21.

[37] 李宾，杨济华. 上市公司的盈余管理必然导致会计稳健性下降吗？

[J]．会计研究，2017（11）：45－51.

[38] 李秉成，苗霞，聂梓．MD&A 前瞻性信息能提升财务危机预测能力吗——基于信号传递和言语有效理论视角的实证分析 [J]．山西财经大学学报，2019，41（5）：108－124.

[39] 李春涛，张计宝，张璇．年报可读性与企业创新 [J]．经济管理，2020，42（10）：156－173.

[40] 李俊成．监管处罚能抑制上市公司违规吗？——一个反常规的经验证据 [J]．现代财经（天津财经大学学报），2016，36（6）：66－79.

[41] 李琳，张敦力，夏鹏．年报监管、内部人减持与市场反应——基于深交所年报问询函的研究 [J]．当代财经，2017（12）：108－119.

[42] 李莫愁，任婧．不痛不痒的行政处罚？——行政处罚与审计意见、审计收费的关系研究 [J]．会计与经济研究，2017，31（1）：84－101.

[43] 李莎，林东杰，王彦超．公司战略变化与审计收费——基于年报文本相似度的经验证据 [J]．审计研究，2019（6）：105－112.

[44] 李世刚，蒋尧明．上市公司年报文本信息语调影响审计意见吗？ [J]．会计研究，2020（5）：178－192.

[45] 李晓溪，饶品贵，岳衡．年报问询函与管理层业绩预告 [J]．管理世界，2019a，35（8）：173－188.

[46] 李晓溪，杨国超，饶品贵．交易所问询函有监管作用吗？——基于并购重组报告书的文本分析 [J]．经济研究，2019b，54（5）：181－198.

[47] 李岩琼，姚颐．研发文本信息：真的多说无益吗？——基于分析师预测的文本分析 [J]．会计研究，2020（2）：26－42.

[48] 李哲．"多言寡行"的环境披露模式是否会被信息使用者摒弃 [J]．世界经济，2018，41（12）：167－188.

[49] 廖秋忠．现代汉语篇章中的连接成分 [J]．中国语文，1986（6）：413－427.

[50] 林乐，谢德仁．分析师荐股更新利用管理层语调吗？——基于业绩说明会的文本分析 [J]．管理世界，2017（11）：125－145.

[51] 林乐，谢德仁. 投资者会听话听音吗？——基于管理层语调视角的实证研究 [J]. 财经研究，2016，42（7）：28－39.

[52] 刘柏，卢家锐. 交易所一线监管能甄别资本市场风险吗？——基于年报问询函的证据 [J]. 财经研究，2019，45（7）：45－58.

[53] 刘会芹，施先旺. 年报可读性对分析师盈余预测的影响 [J]. 证券市场导报，2020（3）：30－39.

[54] 刘笑霞，李明辉，孙蕾. 媒体负面报道、审计定价与审计延迟 [J]. 会计研究，2017（4）：88－94.

[55] 刘星，陈西婵. 证监会处罚、分析师跟踪与公司银行债务融资——来自信息披露违规的经验证据 [J]. 会计研究，2018（1）：60－67.

[56] 卢文彬，官峰，张佩佩，等. 媒体曝光度、信息披露环境与权益资本成本 [J]. 会计研究，2014（12）：66－71.

[57] 逯东，余渡，杨丹. 财务报告可读性、投资者实地调研与对冲策略 [J]. 会计研究，2019（10）：34－41.

[58] 马壮，王云. 媒体报道、行政监管与财务违规传染——基于威慑信号传递视角的分析 [J]. 山西财经大学学报，2019，41（9）：112－126.

[59] 孟庆斌，杨俊华，鲁冰. 管理层讨论与分析披露的信息含量与股价崩盘风险——基于文本向量化方法的研究 [J]. 中国工业经济，2017（12）：132－150.

[60] 孟焰，袁淳，吴溪. 非经常性损益、监管制度化与 ST 公司摘帽的市场反应 [J]. 管理世界，2008（8）：33－39.

[61] 苗霞，李秉成. 管理层超额乐观语调与企业财务危机预测——基于年报前瞻性信息的分析 [J]. 商业研究，2019（2）：129－137.

[62] 聂萍，潘再珍. 问询函监管与大股东"掏空"——来自沪深交易所年报问询的证据 [J]. 审计与经济研究，2019，34（3）：91－103.

[63] 钱爱民，朱大鹏. 财务报告文本相似度与违规处罚——基于文本分析的经验证据 [J]. 会计研究，2020（9）：44－58.

[64] 丘心颖，郑小翠，邓可斌. 分析师能有效发挥专业解读信息的作用

吗？——基于汉字年报复杂性指标的研究［J］．经济学（季刊），2016，15（4）：1483 – 1506.

［65］任宏达，王琨．社会关系与企业信息披露质量——基于中国上市公司年报的文本分析［J］．南开管理评论，2018，21（5）：128 – 138.

［66］沈红波，杨玉龙，潘飞．民营上市公司的政治关联、证券违规与盈余质量［J］．金融研究，2014（1）：194 – 206.

［67］司茹．政治关联与证券监管的执法效率［J］．中央财经大学学报，2013（6）：91 – 96.

［68］宋献中，胡珺，李四海．社会责任信息披露与股价崩盘风险——基于信息效应与声誉保险效应的路径分析［J］．金融研究，2017（4）：161 – 175.

［69］宋衍蘅．审计风险、审计定价与相对谈判能力——以受监管部门处罚或调查的公司为例［J］．会计研究，2011（2）：79 – 84.

［70］宋云玲，李志文，纪新伟．从业绩预告违规看中国证券监管的处罚效果［J］．金融研究，2011（6）：136 – 149.

［71］孙蔓莉．论上市公司信息披露中的印象管理行为［J］．会计研究，2004（3）：40 – 45.

［72］孙天琦．金融消费者保护：市场失灵、政府介入与道德风险的防范［J］．经济社会体制比较，2012（2）：203 – 211.

［73］孙文章．董事会秘书声誉与信息披露可读性——基于沪深 A 股公司年报文本挖掘的证据［J］．经济管理，2019，41（7）：136 – 153.

［74］谭洪涛，张筱．非标准审计意见足以保护审计师吗？——基于证券执法的证据［J］．审计研究，2015（3）：91 – 99.

［75］陶雄华，曹松威．我国证券交易所问询函的公告效应分析［J］．统计与决策，2018，34（23）：167 – 170.

［76］田高良，封华，于忠泊．资本市场中媒体的公司治理角色研究［J］．会计研究，2016（6）：21 – 29.

［77］万明，宋清华．证券交易所公开谴责效率的实证分析——基于深、

沪交易所比较的视角 [J]. 投资研究, 2012, 31 (3): 125 - 138.

[78] 王兵, 李晶, 苏文兵, 等. 行政处罚能改进审计质量吗？——基于中国证监会处罚的证据 [J]. 会计研究, 2011 (12): 86 - 92.

[79] 王春峰, 黄盼, 房振明. 非处罚性监管能预测公司违规吗？ [J]. 经济与管理评论, 2020, 36 (5): 112 - 125.

[80] 王华杰, 王克敏. 应计操纵与年报文本信息语气操纵研究 [J]. 会计研究, 2018 (4): 45 - 51.

[81] 王嘉鑫, 张龙平. 管理层语调操纵、职业谨慎与审计决策——基于年报文本分析的经验证据 [J]. 中南财经政法大学学报, 2020 (4): 3 - 14.

[82] 王克敏, 王华杰, 李栋栋, 等. 年报文本信息复杂性与管理者自利——来自中国上市公司的证据 [J]. 管理世界, 2018, 34 (12): 120 - 132.

[83] 王瑞, 方先明. 证券监管执法的市场反应研究——来自中国 A 股的证据 [J]. 证券市场导报, 2019 (9): 53 - 60.

[84] 王小鲁, 樊纲, 胡李鹏. 中国分省份市场化指数报告 (2018) [M]. 北京: 社会科学文献出版社, 2019.

[85] 王雄元, 高曦, 何捷. 年报风险信息披露与审计费用——基于文本余弦相似度视角 [J]. 审计研究, 2018 (5): 98 - 104.

[86] 王运陈, 贺康, 万丽梅, 等. 年报可读性与股票流动性研究——基于文本挖掘的视角 [J]. 证券市场导报, 2020 (7): 61 - 71.

[87] 王治, 邱妍, 谭欢, 等. 管理层利用董事会报告可读性配合盈余管理了吗 [J]. 财经理论与实践, 2020, 41 (6): 72 - 78.

[88] 温忠麟, 张雷, 侯杰泰, 等. 中介效应检验程序及其应用 [J]. 心理学报, 2004, 36 (5): 614 - 620.

[89] 吴溪. 监管处罚中的"重师轻所"及其后果: 经验证据 [J]. 会计研究, 2008 (8): 23 - 31.

[90] 吴溪, 张俊生. 上市公司立案公告的市场反应及其含义 [J]. 会计研究, 2014 (4): 10 - 18.

[91] 伍利娜, 高强. 处罚公告的市场反应研究 [J]. 经济科学, 2002

（3）：62 – 73.

[92] 夏一丹，陈婕妤，夏云峰．交易所问询函对业绩预告质量的影响 [J]．财经科学，2020（11）：41 – 53.

[93] 肖浩，詹雷，王征．国外会计文本信息实证研究述评与展望 [J]．外国经济与管理，2016，38（9）：93 – 112.

[94] 谢德仁，林乐．管理层语调能预示公司未来业绩吗？——基于我国上市公司年度业绩说明会的文本分析 [J]．会计研究，2015（2）：20 – 27.

[95] 辛清泉，黄曼丽，易浩然．上市公司虚假陈述与独立董事监管处罚——基于独立董事个体视角的分析 [J]．管理世界，2013（5）：131 – 143.

[96] 许年行，江轩宇，伊志宏，等．政治关联影响投资者法律保护的执法效率吗？[J]．经济学（季刊），2013，12（2）：373 – 406.

[97] 许艳芳．财务舞弊与审计责任关系的实证研究——基于证监会处罚公告的视角 [J]．山西财经大学学报，2007（4）：114 – 118.

[98] 严若森．双重委托代理理论与股权集中型公司治理最优化研究综述 [J]．当代经济科学，2006（4）：90 – 95.

[99] 阎达五，孙蔓莉．深市 B 股发行公司年度报告可读性特征研究 [J]．会计研究，2002（5）：10 – 17.

[100] 杨丹，黄丹，黄莉．会计信息形式质量研究——基于通信视角的解构 [J]．会计研究，2018（9）：3 – 10.

[101] 杨海波，李建勇．问询监管的市场反应——基于深交所数据的实证分析 [J]．北京工商大学学报（社会科学版），2018，33（2）：84 – 93.

[102] 杨七中，马蓓丽．管理层的“弦外之音”，投资者能听得懂吗？——基于管理层语意的 LSTM 深度学习研究 [J]．财经论丛，2019（6）：63 – 72.

[103] 姚圣，李诗依．环境信息披露具有处罚效应吗？[J]．经济与管理，2017，31（2）：68 – 75.

[104] 耀友福，薛爽．年报问询压力与内部控制意见购买 [J]．会计研究，2020（5）：147 – 165.

［105］叶勇，王涵．盈余管理对企业年度报告可读性的影响研究［J］．四川理工学院学报（社会科学版），2018，33（6）：52 - 63.

［106］余海宗，袁洋．财务报表舞弊、监管处罚倾向与审计师责任——基于中国证监会处罚公告的分析［J］．中国经济问题，2011（5）：99 - 108.

［107］曾庆生，周波，张程，等．年报语调与内部人交易："表里如一"还是"口是心非"？［J］．管理世界，2018，34（9）：143 - 160.

［108］翟淑萍，王敏，白梦诗．财务问询函能够提高年报可读性吗？——来自董事联结上市公司的经验证据［J］．外国经济与管理，2020d，42（9）：136 - 152.

［109］翟淑萍，王敏．非处罚性监管提高了公司业绩预告质量吗——来自财务报告问询函的证据［J］．山西财经大学学报，2019，41（4）：92 - 107.

［110］翟淑萍，王敏，韩贤．交易所财务问询监管与会计信息可比性——直接影响与溢出效应［J］．当代财经，2020b（10）：124 - 137.

［111］翟淑萍，王敏，毛文霞．财务报告问询函与上市公司融资约束［J］．金融论坛，2020a，25（10）：46 - 57.

［112］翟淑萍，王敏，张晓琳．财务问询函对审计联结公司的监管溢出效应——来自年报可读性的经验证据［J］．审计与经济研究，2020c，35（5）：18 - 30.

［113］张传财，陈汉文．产品市场竞争、产权性质与内部控制质量［J］．会计研究，2017（5）：67 - 74.

［114］张娟，黄志忠．公司盈余、研发文本信息披露与市场反应——基于我国创业板上市公司的实证分析［J］．山西财经大学学报，2020，42（6）：112 - 126.

［115］张俊生，汤晓建，李广众．预防性监管能够抑制股价崩盘风险吗？——基于交易所年报问询函的研究［J］．管理科学学报，2018，21（10）：112 - 126.

［116］张向丽，池国华．企业内部控制与机构投资者羊群行为："反向"

治理效果及异质性分析［J］. 财贸研究，2019，30（1）：99－110.

［117］张秀敏，汪瑾，薛宇，等. 语义分析方法在企业环境信息披露研究中的应用［J］. 会计研究，2016（1）：87－94.

［118］张秀敏，杨连星，高云霞，等. 什么影响了社会责任报告中修辞语言的运用？［J］. 会计研究，2019（6）：20－26.

［119］张岩. 问询函监管与企业的真实盈余管理对策［J］. 当代财经，2020（3）：90－101.

［120］张子余，李常安. 违规公司接受处罚后的内控有效性改善研究［J］. 山西财经大学学报，2015，37（3）：82－90.

［121］赵息，路晓颖. 上市公司内控信息披露与政府监管的有效性——基于信息不对称理论的博弈分析［J］. 山西财经大学学报，2010，32（4）：33－38.

［122］赵子夜，杨庆，杨楠. 言多必失？管理层报告的样板化及其经济后果［J］. 管理科学学报，2019，22（3）：53－70.

［123］钟凯，董晓丹，陈战光. 业绩说明会语调与分析师预测准确性［J］. 经济管理，2020，42（8）：120－137.

［124］周佰成，周阔. 招股说明书可读性影响IPO抑价了吗？［J］. 外国经济与管理，2020，42（3）：104－117.

［125］周波，张程，曾庆生. 年报语调与股价崩盘风险——来自中国A股上市公司的经验证据［J］. 会计研究，2019（11）：41－48.

［126］周志方，彭丹璐，曾辉祥. 碳信息披露、财务透明度与委托代理成本［J］. 中南大学学报（社会科学版），2016，22（5）：109－117.

［127］朱朝晖，包燕娜，许文瀚. 管理层语调离差策略及其对分析师预测乐观度影响——基于A股制造业上市公司MD&A文本分析［J］. 财经论丛，2018（2）：39－46.

［128］朱朝晖，许文瀚. 管理层语调是否配合了盈余管理行为［J］. 广东财经大学学报，2018，33（1）：86－98.

［129］朱春艳，伍利娜. 上市公司违规问题的审计后果研究——基于证

券监管部门处罚公告的分析 [J]. 审计研究, 2009 (4): 42 – 51.

[130] 朱冠东, 沈维涛. 上市公司违规处罚有效性研究 [J]. 商业研究, 2011 (8): 101 – 106.

[131] 朱沛华. 负面声誉与企业融资——来自上市公司违规处罚的经验证据 [J]. 财贸经济, 2020, 41 (4): 50 – 65.

[132] 朱松, 柯晓莉. 审计行业监管有效性研究——基于证监会处罚公告后事务所策略选择的经验证据 [J]. 财经研究, 2018, 44 (3): 56 – 67.

[133] 邹辉文, 黄明星. 基于股价异常波动的中国股市监管效率实证分析 [J]. 财经研究, 2010, 36 (1): 134 – 143.

[134] Abernathy J. L., Guo F., Kubick T. R. et al. Financial Statement Footnote Readability and Corporate Audit Outcomes [J]. Auditing – A Journal of Practice & Theory, 2019, 38 (2): 1 – 26.

[135] Acito A. A., Burks J. J., Johnson W. B. The Materiality of Accounting Errors: Evidence from SEC Comment Letters [J]. Contemporary Accounting Research, 2019, 36 (2): 839 – 868.

[136] Ajina A., Laouiti M., Moslli B. Guiding through the Fog: Does annual report readability reveal earnings management? [J]. Research in International Business and Finance, 2016, 38: 509 – 516.

[137] Allee K., DeAngelis M. The Structure of Voluntary Disclosure Narratives: Evidence from Conference Calls [J]. Journal of Accounting Research, 2015, 53 (2): 241 – 274.

[138] Armour J., Mayer C., Polo A. Regulatory Sanctions and Reputational Damage in Financial Markets [J]. Journal of Financial and Quantitative Analysis, 2017, 52: 1 – 20.

[139] Asay H., Elliott W. B., Rennekamp K. Disclosure Readability and the Sensitivity of Investors' Valuation Judgments to Outside Information [J]. The Accounting Review, 2017, 92 (4): 1 – 25.

[140] Asay H. S., Libby R., Rennekamp K. Firm performance, reporting

goals, and language choices in narrative disclosures [J]. Journal of Accounting & Economics, 2018, 65 (2 – 3): 380 – 398.

[141] Baginski S. , Demers E. , Wang C. et al. Contemporaneous verification of language: Evidence from management earnings forecasts [J]. Review of Accounting Studies, 2016, 21 (1): 165 – 197.

[142] Bai X. , Dong Y. , Hu N. Financial report readability and stock return synchronicity [J]. Applied Economics, 2019, 51 (4): 346 – 363.

[143] Ball R. , Shivakumar L. The Role of Accrual in Asymmetrically Timely Gain and Loss Recognition [J]. Journal of Accounting Research, 2006, 44 (2): 207 – 242.

[144] Bao Y. , Datta A. Simultaneously Discovering and Quantifying Risk Types from Textual Risk Disclosures [J]. Management Science, 2014, 60 (6): 1371 – 1391.

[145] Becker G. Crime and Punishment: An Economic Approach [J]. Journal of Political Economy, 1968, 76 (2): 169 – 217.

[146] Ben – Amar W. , Belgacem I. Do socially responsible firms provide more readable disclosures in annual reports? [J]. Corporate Social Responsibility and Environmental Management, 2018, 25 (5): 1009 – 1018.

[147] Bens D. , Cheng M. , Neamtiu M. The Impact of SEC Disclosure Monitoring on the Uncertainty of Fair Value Estimates [J]. The Accounting Review, 2016, 91 (2): 349 – 375.

[148] Beretta V. , Demartini C. , Trucco S. Does environmental, social and governance performance influence intellectual capital disclosure tone in integrated reporting? [J]. Journal of Intellectual Capital, 2019, 20 (1SI): 100 – 124.

[149] Bian S. , Jia D. , Li F. et al. A New Chinese Financial Sentiment Dictionary for Textual Analysis in Accounting and Finance [J]. SSRN Electronic Journal, 2019, DOI: 10. 2139/ssrn. 3446388.

[150] Blackburne T. Regulatory Oversight and Financial Reporting Incentives:

Evidence from SEC Budget Allocations [J]. 2014.

[151] Bloomfield R. The 'Incomplete Revelation Hypothesis' and Financial Reporting [J]. Accounting Horizons, 2002, 16 (3): 985 – 988.

[152] Bochkay K., Levine C. B. Using MD&A to Improve Earnings Forecasts [J]. Journal of Accounting, Auditing & Finance, 2019, 34 (3): 458 – 482.

[153] Boudt K., Thewissen J., Torsin W. When Does The Tone of Earnings Press Releases Matter? [J]. International Review of Financial Analysis, 2018, 57: 231 – 245.

[154] Bozanic Z., Dietrich J., Johnson B. SEC comment letters and firm disclosure [J]. Journal of Accounting and Public Policy, 2017, 36 (5): 337 – 357.

[155] Bozanic Z., Roulstone D. T., Van Buskirk A. Management earnings forecasts and other forward-looking statements [J]. Journal of Accounting & Economics, 2018, 65 (1): 1 – 20.

[156] Brown S., Tucker J. Large – Sample Evidence on Firms' Year – over – Year MD&A Modifications [J]. Journal of Accounting Research, 2011, 49 (2): 309 – 346.

[157] Brown S. V., Tian X. S., Tucker J. W. The Spillover Effect of SEC Comment Letters on Qualitative Corporate Disclosure: Evidence from the Risk Factor Disclosure [J]. Contemporary Accounting Research, 2018, 35 (2): 622 – 656.

[158] Bushee B. J., Gow I. D., Taylor D. J. Linguistic Complexity in Firm Disclosures: Obfuscation or Information? [J]. Journal of Accounting Research, 2018, 56 (1): 85 – 121.

[159] Campbell J. L., Lee H. S. G., Lu H. et al. Express Yourself: Why Managers' Disclosure Tone Varies Across Time and What Investors Learn from It [J]. Contemporary Accounting Research, 2020, 37 (2): 1140 – 1171.

[160] Cassell C., Dreher L., Myers L. Reviewing the SEC's Review Process: 10 – K Comment Letters and the Cost of Remediation [J]. The Accounting

Review, 2013, 88 (6): 1875 – 1908.

[161] Castro V. B. D. , Gul F. A. , Muttakin M. B. et al. Optimistic tone and audit fees: Some Australian evidence [J]. International Journal of Auditing, 2019, 23 (2): 352 – 364.

[162] Cheung E. , Lau J. Readability of Notes to the Financial Statements and the Adoption of IFRS: Readability of Notes and Adoption of IFRS [J]. Australian Accounting Review, 2016, 26 (2): 162 – 176.

[163] Church B. , Shefchik L. PCAOB Inspections and Large Accounting Firms [J]. Accounting Horizons, 2012, 26: 43 – 63.

[164] Cornaggia J. , Tian X. , Wolfe B. Does Banking Competition Affect Innovation? [J]. Journal of Financial Economics, 2015, 115 (1): 189 – 209.

[165] Correia M. Political connections and SEC enforcement [J]. Journal of Accounting and Economics, 2014, 57 (2 – 3): 241 – 262.

[166] Courtis J. Readability of Annual Reports: Western Versus Asian Evidence [J] . Accounting, Auditing & Accountability Journal, 1995, 8 (2): 4 – 17.

[167] Cunningham L. M. , Johnson B. A. , Johnson E. S. et al. The Switch – Up: An Examination of Changes in Earnings Management after Receiving SEC Comment Letters [J]. Contemporary Accounting Research, 2020, 37 (2): 917 – 944.

[168] D'Augusta C. , DeAngelis M. D. Tone Concavity around Expected Earnings [J]. Accounting Review, 2020, 95 (1): 133 – 164.

[169] Davis A. , Piger J. , Sedor L. Beyond the Numbers: Measuring the Information Content of Earnings Press Release Language [J]. Contemporary Accounting Research, 2012, 29 (3): 845 – 868.

[170] Davis A. , Tama S. I. Managers' Use of Language Across Alternative Disclosure Outlets: Earnings Press Releases Versus MD&A [J]. Contemporary Accounting Research, 2012, 29 (3): 804 – 837.

［171］ Dechow P. , Lawrence A. , Ryans J. SEC Comment Letters and Insider Sales ［J］. The Accounting Review, 2016, 91 (2): 401 – 439.

［172］ Dee C. C. , Lulseged A. , Zhang T. Client Stock Market Reaction to PCAOB Sanctions Against a Big 4 Auditor ［J］. Contemporary Accounting Research, 2011, 28 (1): 263 – 291.

［173］ Demers E. , Vega C. Linguistic Tone in Earnings Announcements: News or Noise? ［J］. SSRN Electronic Journal, 2011, DOI: 10. 2139/ssrn. 1152326.

［174］ De Souza J. A. S. , Rissatti J. C. , Rover S. et al. The linguistic complexities of narrative accounting disclosure on financial statements: An analysis based on readability characteristics ［J］. Research in International Business and Finance, 2019, 48: 59 – 74.

［175］ Drienko J. , Sault S. The intraday impact of company responses to exchange queries ［J］. Journal of Banking & Finance, 2013, 37 (12): 4810 – 4819.

［176］ Druz M. , Petzev I. , Wagner A. F. et al. When Managers Change Their Tone, Analysts and Investors Change Their Tune ［J］. Financial Analysts Journal, 2020, 76 (2): 47 – 69.

［177］ Duro M. , Heese J. , Ormazabal G. The effect of enforcement transparency: Evidence from SEC comment-letter reviews ［J］. Review of Accounting Studies, 2019, 24: 780 – 823.

［178］ Dyer T. , Lang M. , Stice – Lawrence L. The Evolution of 10 – K Textual Disclosure: Evidence from Latent Dirichlet Allocation ［J］. Journal of Accounting and Economics, 2017, 64 (2 – 3).

［179］ Efretuei E. , Usoro A. , Koutra C. Complex Information and Accounting Standards: Evidence from UK Narratives ［J］. SSRN Electronic Journal, 2019, DOI: 10. 2139/ssrn. 3429610.

［180］ Ege M. , Glenn J. L. , Robinson J. R. Unexpected SEC Resource Constraints and Comment Letter Quality ［J］. Contemporary Accounting Research, 2020, 37 (1): 33 – 67.

［181］Elliott W. B. , Grant S. , Rennekamp K. How Disclosure Features of Corporate Social Responsibility Reports Interact with Investor Numeracy to Influence Investor Judgments ［J］. Contemporary Accounting Research, 2017, 34 （3）: 1596 – 1621.

［182］Ertugrul M. , Lei J. , Qiu J. et al. Annual Report Readability, Tone Ambiguity, and the Cost of Borrowing ［J］. Journal of Financial and Quantitative Analysis, 2017, 52 （2）: 811 – 836.

［183］Fama E. F. Efficient Capital Markets: A Review of Theory and Empirical Work ［J］. Journal of Finance, 1970, 25 （2）: 383 – 417.

［184］Fang V. , Huang A. , Wang W. Imperfect Accounting and Reporting Bias ［J］. Journal of Accounting Research, 2017, 55 （4）: 919 – 962.

［185］Ferreira F. R. , Fiorot D. C. , Suguri Motoki F. Y. et al. Voluntary disclosure: Empirical analysis of the tone used in conference calls ［J］. Rae – Revista De Administracao De Empresas, 2019, 59 （4）: 271 – 283.

［186］Francis J. , Michas N. , Seavey S. Does Audit Market Concentration Harm the Quality of Audited Earnings? Evidence from Audit Markets in 42 Countries ［J］. Contemporary Accounting Research, 2012, 30 （1）: 325 – 355.

［187］Franco G. , Hope O. , Vyas D. et al. Analyst Report Readability ［J］. Contemporary Accounting Research, 2014, 32 （1）: 76 – 104.

［188］Gietzmann M. , Pettinicchio A. External Auditor Reassessment of Client Business Risk Following the Issuance of a Comment Letter by the SEC ［J］. European Accounting Review, 2014, 23 （1）: 57 – 85.

［189］Goffman E. The presentation of self in everyday life ［M］. Gadren City: Doubleday Anchor Books, 1959.

［190］Gong G. , Huang X. , Wu S. et al. Punishment by Securities Regulators, Corporate Social Responsibility and the Cost of Debt ［J］. Journal of Business Ethics, 2020.

［191］Greiner A. J. , Patelli L. , Pedrini M. Characteristics of Managerial

Tone Priced by Auditors: Evidence Based on Annual Letters to Shareholders of Large US Firms [J]. Auditing – A Journal of Practice & Theory, 2020, 39 (2): 139 –161.

[192] Guay W. , Samuels D. , Taylor D. Guiding Through the Fog: Financial Statement Complexity and Voluntary Disclosure [J]. Journal of Accounting and Economics, 2016, 62 (2): 234 –269.

[193] Hail L. , Tahoun A. , Wang C. Corporate Scandals and Regulation [J]. Journal of Accounting Research, 2018, 56 (2): 617 –671.

[194] Hall E. Beyond Culture [M]. NewYork: Double Day, 1976.

[195] Hanley K. W. , Hoberg G. The Information Content of IPO Prospectuses [J]. Review of Financial Studies, 2010, 23 (7): 2821 –2864.

[196] Harding M. , Lemayian Z. SEC Regulation S – K and Board Diversity [J]. SSRN Electronic Journal, 2018, DOI: 10. 2139/ssrn. 3223452.

[197] Hasan M. M. , Habib A. Readability of narrative disclosures, and corporate liquidity and payout policies [J]. International Review of Financial Analysis, 2020, 68.

[198] Heese J. , Khan M. , Ramanna K. Is the SEC captured? Evidence from comment-letter reviews [J]. Journal of Accounting and Economics, 2017, 64 (1): 98 –122.

[199] Hesarzadeh R. , Bazrafshan A. Corporate reporting readability and regulatory review risk [J]. Baltic Journal of Management, 2018, 13 (4): 488 – 507.

[200] Hesarzadeh R. , Rajabalizadeh J. Does Securities Commission Oversight Reduce the Complexity of Financial Reporting? [J]. Revista De Contabilidad – Spanish Accounting Review, 2020, 23 (1): 1 –17.

[201] Hesarzadeh R. Regulatory oversight and managerial ability [J]. Eurasian Business Review, 2020, 10 (4): 559 –585.

[202] Hidayatullah I. , Setyaningrum D. The Effect of IFRS Adoption on the

Readability of Annual Reports: An Empirical Study of Indonesian Public Companies [J]. Jurnal Akuntansi Dan Keuangan, 2019, 21 (2): 49 –57.

[203] Hoffmann A. , Kleimeier S. Financial disclosure readability and innovative firms' cost of debt [J]. International Review of Finance, 2019, DOI: 10. 1111/irfi. 12292.

[204] Hope O. , Hu D. , Lu H. The benefits of specific risk-factor disclosures [J]. Review of Accounting Studies, 2016, 21 (4): 1005 –1045.

[205] Hribar P. , Nichols C. The Use of Unsigned Earnings Quality Measures in Tests of Earnings Management [J]. Journal of Accounting Research, 2007, 45 (5): 1017 –1053.

[206] Huang X. , Teoh S. H. , Zhang Y. Tone Management [J]. The Accounting Review, 2014, 89 (3): 1083 –1113.

[207] Jang M. , Rho J. IFRS adoption and financial statement readability: Korean evidence [J]. Asia –Pacific Journal of Accounting & Economics, 2016, 23 (1): 22 –42.

[208] Jensen M. , Meckling W. Theory of the Firm: Managerial Behavior, Agency Costs and Ownership Structure [J]. Journal of Financial Economics, 1976, 3 (4): 305 –360.

[209] Jiang F. , Lee J. , Martin X. et al. Manager sentiment and stock returns [J]. Journal of Financial Economics, 2019, 132 (1): 126 –149.

[210] Johnston R. , Petacchi R. Regulatory Oversight of Financial Reporting: Securities and Exchange Commission Comment Letters [J]. Contemporary Accounting Research, 2017, 34 (2): 1128 –1155.

[211] Kawada B. S. , Wang J. J. Annual report readability subsequent to going-concern opinions [J]. Managerial Auditing Journal, 2019, 35 (1): 24 –42.

[212] Kearney C. , Liu S. Textual sentiment in finance: A survey of methods and models [J]. International Review of Financial Analysis, 2014, 33: 171 –185.

[213] Kedia S. , Rajgopal S. Do the SEC's Enforcement Preferences Affect Corporate Misconduct? [J]. Journal of Accounting and Economics, 2011, 51 (3): 259 – 278.

[214] Kim J. , Kim S. , Cho E. Spillover effect of FSS accounting inspection on audit hours of peer companies [J]. Asia – Pacific Journal of Accounting & Economics, 2020, 27 (3): 364 – 387.

[215] Kravet T. , Muslu V. Textual Risk Disclosures and Investors' Risk Perceptions [J]. Review of Accounting Studies, 2013, 18 (4): 1088 – 1122.

[216] Kubick T. , Lynch D. , Mayberry M. et al. The Effects of Regulatory Scrutiny on Tax Avoidance: An Examination of SEC Comment Letters [J]. The Accounting Review, 2016, 91 (6): 1751 – 1780.

[217] Kurz T. , Thomas W. , Fonseca M. A fine is a more effective financial deterrent when framed retributively and extracted publicly [J]. Journal of Experimental Social Psychology, 2014, 54.

[218] Laidroo L. , Joost J. Earnings Announcement Lags and Market Responses – Does the Tone of the News and the Market Sentiment Matter? [J]. Emerging Markets Finance and Trade, 2018, 54 (8): 1886 – 1907.

[219] Lamoreaux P. Does PCAOB inspection access improve audit quality? An examination of foreign firms listed in the United States [J]. Journal of Accounting and Economics, 2016, 61.

[220] Lawrence A. Individual investors and financial disclosure [J]. Journal of Accounting and Economics, 2013, 56 (1): 130 – 147.

[221] Leary M. , Kowalski R. Impression Management: A Literature Review and Two Component Model [J]. Psychological Bulletin, 1990, 107 (1): 34 – 47.

[222] Lee Y. The Effect of Quarterly Report Readability on Information Efficiency of Stock Prices [J]. Contemporary Accounting Research, 2012, 29 (4): 1137 – 1170.

[223] Lennox C. Did the PCAOB's Restrictions on Auditors' Tax Services Im-

prove Audit Quality? [J]. The Accounting Review, 2015, 91.

[224] Leung S., Parker L., Curtis J. Impression Management through Minimal Narrative Disclosure in Annual Reports [J]. The British Accounting Review, 2015, 47 (3): 275 –289.

[225] Li B., Liu Z. The oversight role of regulators: Evidence from SEC comment letters in the IPO process [J]. Review of Accounting Studies, 2017, 22: 1229 –1260.

[226] Li F. Annual Report Readability, Current Earnings, and Earnings Persistence [J]. Journal of Accounting and Economics, 2008, 45 (2 –3): 221 –247.

[227] Li F. The Information Content of Forward –Looking Stements in Corporate Filings –A Naive Bayesian Machine Learning Approach [J]. Journal of Accounting Research, 2010, 48 (5): 1049 –1102.

[228] Li H. Repetitive disclosures in the MD&A [J]. Journal of Business Finance & Accounting, 2019, 46 (9 –10): 1063 –1096.

[229] Li L., Qi B., Robin A. et al. The effect of enforcement action on audit fees and the audit reporting lag [J]. Accounting and Business Research, 2020.

[230] Li M., Wu H., Xiao M. et al. Beyond cheap talk: Management's informative tone in corporate disclosures [J]. Accounting and Finance, 2019, 59 (5): 2905 –2959.

[231] Li Y., He J., Xiao M. Risk disclosure in annual reports and corporate investment efficiency [J]. International Review of Economics & Finance, 2019, 63: 138 –151.

[232] Lo K., Ramos F., Rogo R. Earnings management and annual report readability [J]. Journal of Accounting and Economics, 2017, 63 (1): 1 –25.

[233] Loughran T., McDonald B. Measuring Readability in Financial Disclosures [J]. The Journal of Finance, 2014, 69 (4): 1643 –1671.

[234] Loughran T., Mcdonald B. When Is a Liability NOT a Liability? Tex-

tual Analysis, Dictionaries, and 10 – Ks [J]. The Journal of Finance, 2011, 66 (1): 35 – 65.

[235] Martinez – Ferrero J., Suarez – Fernandez O., Garcia – Sanchez I. Obfuscation versus enhancement as corporate social responsibility disclosure strategies [J]. Corporate Social Responsibility and Environmental Management, 2019, 26 (2): 468 – 480.

[236] McClane J. Boilerplate and the Impact of Disclosure in Securities Deal-making [J]. Vanderbilt Law Review, 2019, 72 (1): 191 – 295.

[237] Merkl – Davies D., Brennan N. Discretionary Disclosure Strategies in Corporate Narratives: Incremental Information or Impression Management? [J]. Journal of Accounting Literature, 2007, 26: 116 – 196.

[238] Merkley K. Narrative Disclosure and Earnings Performance: Evidence from R&D Disclosures [J]. The Accounting Review, 2014, 89 (2): 725 – 757.

[239] Moroney R., Knechel W. R., Dowling C. The effect of inspections, rotations and client preferences on staffing decisions [J]. Accounting and Finance, 2019, 59 (4): 2645 – 2677.

[240] Muslu V., Radhakrishnan S., Subramanyam K. R. et al. Forward – Looking MD&A Disclosures and the Information Environment [J]. Management Science, 2015, 61 (5): 931 – 948.

[241] Naughton J. P., Rogo R., Sunder J. et al. SEC monitoring of foreign firms' disclosures in the presence of foreign regulators [J]. Review of Accounting Studies, 2018, 23 (4): 1355 – 1388.

[242] Pashalian S., Crissy W. How Readable Are Corporate Annual Reports? [J]. The Journal of Applied Psychology, 1950, 34 (4): 244.

[243] Pettinicchio A., Marra A. Comment Letter Frequency and CFO Turn-over: A Dynamic Survival Analysis [J]. Journal of Accounting, Auditing and Finance, 2015, 31 (1): 79 – 99.

[244] Richards G., Van Staden C. The readability impact of international

financial reporting standards [J]. Pacific Accounting Review, 2015, 27 (3): 282 – 303.

[245] Riley T. , Semin G. , Yen A. Patterns of Language Use in Accounting Narratives and Their Impact on Investment – Related Judgments and Decisions [J]. Behavioral Research in Accounting, 2014, 26 (1): 59 – 84.

[246] Shleifer A. , Vishny R. A Survey of Corporate Governance [J]. Journal of Finance, 1997, 52 (2): 737 – 783.

[247] Smith J. E. , Smith N. P. Readability: A Measure of the Performance of the Communication Function of Financial Reporting [J]. The Accounting Review, 1971, 46 (3): 552 – 561.

[248] Soper F. J. , Dolphin R. Readability and Corporate Annual Reports [J]. The Accounting Review, 1964, 39: 358 – 362.

[249] Tan H. , Wang E. , Zhou B. When the Use of Positive Language Back-fires: The Joint Effect of Tone, Readability, and Investor Sophistication on Earnings Judgments [J]. Journal of Accounting Research, 2014, 52 (1): 273 – 302.

[250] Wang Q. Determinants of segment disclosure deficiencies and the effect of the SEC comment letter process [J]. Journal of Accounting and Public Policy, 2016, 35 (2): 109 – 133.

[251] Wang Y. , Ashton J. , Jaafar A. Money shouts! How effective are punishments for accounting fraud? [J]. The British Accounting Review, 2019, 51 (5).

[252] Zhang L. , Xu Y. , Chen H. et al. Corporate Philanthropy after Fraud Punishment: An Institutional Perspective [J]. Management and Organization Review, 2019, 16: 1 – 36.